리츠 얼리어답터

※ 본문에 나온 각종 정보는 사전 통보 없이도 수정 변경될 수 있으며, 실제 현황과 일부 다를 수도 있습니다. 또한, 본문의 내용은 저자의 개인적인 의견이며 회사의 투자방향 또는 의견을 표시하는 것이 아닙니다.

커피 한 잔 값으로
초대형 오피스 주인 되기

리츠
얼리어답터

최인천 지음

매일경제신문사

| 들어가기 |

부동산 투자의 매력

투자에는 좋은 선택이 필수적입니다.
부동산 투자는 주식이나 채권보다도 더욱 매력적입니다.

굳이 수십 년간의 투자를 비교 분석한 어려운 자료를 갖고 이야기하지 않아도 됩니다. 우리 주변에서 흔히 경험할 수 있기 때문입니다.

주변에서 주식 투자 무용담을 들어 보셨을 겁니다.
불과 며칠, 몇 주 사이에 몇 배를 벌었다는 귀가 솔깃하면서도 은근히 배가 아픈 이야기도 있는 반면, 어느 종목에 소위 '몰빵'했다가 거의 날려 먹었다는 가슴 시원한(?) 이야기도 같이 들립니다.

채권은 어떠한지요?
주식 투자보다도 목돈이 들어가기 마련이고 변동성도 주식

보다 크지 않아서인지 채권 투자로 돈을 좀 만졌다는 이야기는 훨씬 적게 들립니다. 결국, 주식만큼 무용담이 흥미진진하지도 않습니다.

부동산 투자 무용담은 어떻게 들리는지요?
삼삼오오 모여 투자 이야기를 할 때, '기승전(起承轉) - 부동산'일 정도로 결국 부동산 이야기로 흐릅니다. 이는 부동산이 가계 자산의 약 70%[i]를 차지하는 중요도 때문이기도 하지만, 부동산 투자 시 원금 손실 가능성은 낮으면서도 큰 투자 수익을 거두었다는 경험치 때문일 것입니다. 그러다보니, 개인투자자에겐 주식, 채권 시장보다도 부동산 시장이 훨씬 가깝게 느껴집니다.

2000년도 초반 부동산 투자에 있어 전 세계는 큰 변화를 겪었습니다. 많은 국가에서 주식 시장에 상장된 리츠(REIT) 상품을 통해서 개인이 초우량 부동산을 사고팔 수 있게 된 것이지요. 그 전까지만 해도, 도심 내 대형 오피스, 리테일 등의 투자대상은 기관투자자의 전유물이었고 개인에게는 그림의 떡일 수밖에 없었습니다. 초우량 부동산의 경우엔 꾸준한 배당수익은 물론 시세차익도 상당한 것은 이미 익히 알려진 사실입니다.

2016년 9월말 미국 우량주만을 모아 놓은 S&P500지수에 리츠가 중심이 된 부동산 섹터가 새로 추가되었습니다. 전체 S&P500 지수 중 2.9%를 차지하며 통신 및 원자재 분야보다도 더 큰 규모를 보이고 있습니다.[ii] 또한, 지난 10년간 수익률도 연평균 9.97%로써 수익성 측면에서도 두각을 나타내고 있습니다.[iii] 참고로, 제이피모간체이스(JPMorgan Chase)에서는 금번 새로운 섹터 추가로 인해 부동산 시장에 120조 원 가까운 돈이 추가 투자될 것으로 예상했습니다.[iv]

　이는 1980년대부터 시작된 오랜 리츠 역사를 갖고 있는 미국만의 이야기가 아닙니다.
　리츠가 개인 투자 상품 시장으로써 발달한 일본, 싱가포르 및 홍콩 등도 2000년도를 넘어서야 리츠 관계 법령이 처음 만들어졌으며 이후 엄청난 속도로 발전을 해왔습니다. 2016년도 말 현재 싱가포르의 경우 약 60조 원으로 리츠 시장이 성장했으며 이는 전체 증시의 6%를 넘는 수준입니다. 또한, 지난 5년간 약 6.3%[v] 평균 배당수익률을 기록하며 개인투자자의 사랑을 꾸준하게 받고 있습니다. 심지어는 신규 청약 물량이 있을 때 증권사 객장에 가지 않고 ATM기기에서도 청약이 가능할 정도라고 합니다.

　일본, 홍콩의 경우도 모양새가 이와 크게 다르지 않습니다.

이렇게 개인이 투자할 수 있는 리츠 시장이 떠오르게 된 것은 여타 투자 상품들보다 뛰어난 안정성과 수익률을 동시에 보여주고 있기 때문입니다.

그런데 우리나라의 경우는 어떠할까요?
2016년 12월 상장리츠 전체 총액은 도심 내 A급 오피스 한 개보다도 작은 규모로써 전체 증시의 0.1%에도 미치지 못합니다. 이는 우리나라 리츠 역사가 짧아서 그런 것이 아닙니다. 놀랍게도 우리나라도 일본, 싱가포르, 홍콩 등과 거의 동일한 2001년도에 리츠관련 법령이 제정되었습니다. 우리나라 증시가 세계 10위의 규모를 자랑함에도 증시를 바탕으로 한 리츠가 이렇게 발달하지 못한 것은 매우 이례적인 현상이라 할 수 있겠습니다.

비록 아직까지는 우리나라 상장리츠 시장이 발달하지는 못했지만, 최근 들어 풍부한 개인 자금을 바탕으로 우리나라 부동산 투자 시장에도 변화가 감지되고 있습니다. 베일에 가려져 있던 대형 부동산 투자 상품이 일반 개인들에게까지 기회가 주어진다는 점이 매우 고무적입니다. 하지만 그 중에는 옥석을 가려야 할 것도 있을 것이며, 좋은 상품이라 하더라도 모든 이의 입맛에 맞을 수는 없을 것입니다.

또한, 최근의 부동산 공모 상품 투자 열기와 더불어 P2P대출 투자로 불리는 새로운 상품까지 개인투자자에게 깊숙이 접근하고 있어 기회와 함께 주의가 동시에 요구됩니다.

이 책은 우리나라에 새로운 부동산 투자 상품의 이해를 높이는 목적으로 작성되었습니다. 주로 개인투자자를 염두에 두었습니다만, 증권 애널리스트 또는 기관투자자에게도 필요한 간단한 지침서의 역할까지 기대합니다. 참고로, 본문에서는 경어체를 사용하지 못하는 점 미리 양해 부탁드립니다.

저성장 시대에서 적절한 투자처를 찾지 못하는 개인투자자에게 부동산은 빼 놓을 수 없는 투자처일 것입니다.
이제 시작합니다.

Contents

들어가기　**부동산 투자의 매력** … 5

01　바른 투자를 위한 기초 쌓기 **투자의 이해** … 14
　　1. 초보 투자자를 위한 ABC … 15
　　2. 주식과 채권을 뛰어넘다-대체투자의 이해 … 32
　　3. 대체투자의 특징 … 35
　　4. 계속 주식, 채권만 고집하시렵니까? … 43
　　5. 나만의 투자기준, 만기를 일치시키자!-듀레이션 매칭 … 50

02　부동산으로 돈버는 방법 **부동산 투자 전략** … 56
　　1. 고수의 투자 전략 … 56
　　2. 실전사례 … 64
　　3. 부동산 가격과 매각차익 … 67

03　부동산을 보다 쉽게 투자하는 방법 **간접투자** … 86
　　1. 리츠와 부동산 펀드의 바른 이해 … 89
　　2. 리츠와 펀드 현황 … 98
　　3. 우리나라 리츠가 발달되지 못한 이유 … 100
　　4. 리츠와 펀드가 나아갈 길 … 110

04　**첫 리츠 투자를 위한 준비** … 116
　　1. 투자 전 고려사항 … 117
　　2. 리츠 상품 찾기-오피스가 좋을까, 호텔이 좋을까? … 135

05　**실전 리츠 투자** … 146
　　1. 국내 리츠 투자하기 … 147
　　2. 해외 리츠 직접 투자하기 … 149
　　3. 계좌개설부터 리츠 투자까지, 따라해보기 … 155
　　4. 유사 상품에 속지말기 … 175

06 개인 은행의 시작 P2P대출과 크라우드펀딩 … 178
  1. 크라우드펀딩 ABC … 179
  2. P2P 대출의 ABC … 185
  3. P2P 대출의 급속한 성장 배경은? … 190
  4. 경고, 그리고 미래 … 195

07 한눈에 보는 Q&A … 204
  1. 왜 부동산에 투자할까요? … 205
  2. 오피스텔이나 경매에 직접 투자하는 것이 유리하지 않을까요? … 206
  3. 리츠가 무엇인지요? … 208
  4. 왜 리츠에 투자하나요? … 210
  5. 개발사업에 리츠를 이용해 투자하면 어떨까요? … 212
  6. 펀드와 리츠는 다른 것인가요? … 214
  7. 펀드가 리츠보다 활발한 것 같던데요? … 216
  8. 리츠는 누구나 살 수 있나요? … 218
  9. 리츠로 대박 칠 수 있나요? … 219
  10. 좋은 운용사는 어떻게 고를 수 있나요? … 220
  11. 판매사와 운용사는 다른 것인가요? … 221
  12. 자기관리리츠는 무엇인가요? … 222
  13. 리츠 투자했는데 주가가 떨어지면 어떻게 하죠? … 223
  14. 안정적인 수익이 정말 가능한가요? … 224
  15. 장기 임대차계약이 되어 있으니 좋은 상품겠지요? … 226
  16. 최근 왜 개인투자자용 부동산 상품이 많이 출시되고 있나요? … 228
  17. P2P 투자가 요즘 핫 하다던데요? … 230
  18. 리츠 투자와 P2P대출 투자 어느것이 좋을까요? … 232

08 별첨 ··· 236

1. 대체투자와 전통투자 비교표 ··· 237
2. 주요국 시가총액과 상장리츠 ··· 238
3. 각국의 리츠 도입 시기 ··· 239
4. 국내 상장리츠 현황 ··· 240
5. 미국 리츠 ETF 현황 ··· 241
6. 일본 리츠 ETF 현황 ··· 243
7. 미국 리츠 현황 ··· 244
8. 싱가포르 리츠 현황 ··· 252
9. 호텔 운영자 별 브랜드 가치 ··· 254
10. 폰지사기 ··· 255
11. 뉴스기사 400명 여대생 울린 대출사기 ··· 257
12. 뉴스기사 400억 가로챈 인터넷 쇼핑몰 적발 ··· 259
13. 뉴스기사 P2P대출 '성장 날개' 꺾이나 ··· 262
14. 뉴스기사 "정년아닌데요?" 희망퇴직 떠밀리는 은행원들 ··· 265
15. 뉴스기사 소규모 임대사업자 '건보료 폭탄' 예고 ··· 267
16. 뉴스기사 재개발 임대주택 매입 '시민리츠' 전국 첫 설립 ··· 269
17. 뉴스기사 트레이더, 600명에서 2명으로 - IT기업된 골드만삭스 ··· 271
18. 뉴스기사 골드만삭스, 온라인 대출 놓고 핀테크 업체와 격돌 ··· 276
19. 금융소득 종합소득세 FAQ ··· 278
20. 주요 체약국별 조세조약 대상조세 및 제한세율 요약 ··· 280
21. NPV 설명 ··· 281
22. IRR 설명 ··· 284
23. 무한등비급수, 배당할인모형 ··· 286
24. P2P대출 가이드라인 주요내용 ··· 290

글을 마무리하며 ··· 293

참고자료 ··· 296

〈비하인드 스토리 - IFC〉
2016년 여의도 IFC가 역사상 최고 금액인 약 2조 5천억 원에 캐나다 브룩필드에게 매각되었습니다. 우리나라 리츠가 크게 성장했다면 개인도 아마 이 빌딩의 주인이 될 수 있었을지도 모릅니다.[vi]

01

바른 투자를 위한 기초 쌓기

투자의 이해

　자산운용(Asset Management)이란 투자자들로부터 돈을 받아 주식, 채권 그밖의 자산에 운용해 그 결과를 투자자에게 다시 돌려주는 행위를 말한다. 쉽게 말해, 돈을 굴려주는 것이 본질이다.

　자산운용 세계에서 주식, 채권 이외의 자산에 투자하는 방법을 대체투자(Alternative Investment)라 하며, 부동산 투자는 대체투자 시장의 대표주자다.

　따라서 올바른 부동산 투자를 위해서는 자산운용의 근간은 물론 대체투자의 특징까지 폭넓게 이해함이 필수적이다.

1. 초보 투자자를 위한 ABC

투자란 무엇인가?

투자란 미래에 이익을 가져올 것으로 예상되는 자산을 구입하는 것을 의미한다.[vii]

모든 세상 이치가 그러하듯, 좋은 것이 있으면 나쁜 것도 같이 나타난다. 즉, 높은 수익을 가져다 줄 것을 약속하는 투자처가 동시에 안정적일 수는 없다. 혹여나, 그러한 투자처가 발견되었다 하더라도 그 투자처에 자금이 몰려서 투자 자산의 가격이 올라갈 것이고 이는 결국 수익성을 낮게 만들 것이다.

그래서 저위험-저수익 또는 고위험-고수익(하이리스크-하이리턴, High Risk-High Return)이라는 당연한 결과가 도출되며, 투자 가능한 대상은 다음과 같이 리스크[1]와 수익에 대해 정비례 관계를 갖게 됨이 일반적이다.

---

1) 이 책에서는 특별한 경우를 제외하고는 영어의 Risk를 '위험'이라고 표현하지 않고 '리스크' 또는 '변동성'이라고 표기했다. 왜냐하면, 투자란 위험을 사는 것이 아니라 리스크, 즉 변동성을 취해 수익을 기대하는 것이기 때문이다.

[리스크와 수익의 상관관계] viii)

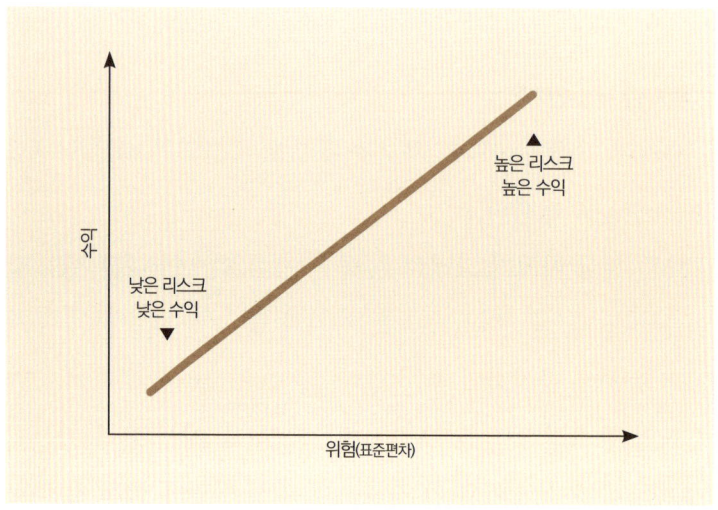

미래의 현금흐름이 완전하게 예상되는 투자는 그만큼 수익이 낮을 수밖에 없다. 반면 일정한 정도의 불확실성이 있는 투자는 그 불확실성만큼의 수익이 더 있을 것이다. 여기에서 우리는 수익을 위해 얼마만큼의 불확실성을 가져가야 하는지 결정해야 한다.

결정하기 전에 떠오르는 질문은 다음 세 가지다.

· 확실성에 대한 의문

완전하다고 예상되는 미래는 정말 그러한가? 혹시 내가 잘 몰라서 안전하다고 믿는 것은 아닌가?

· **불확실성에 대한 의문**

아직 불확실하다고 보여지는 것이 정말로 불확실한 것인가? 본질가치를 못보고 불확실하다고 폄하하는 것은 아닌가?

· **가격에 대한 의문**

가격은 적절한가? 불확실한 것을 확실한 수준의 높은 금액을 주고 사는 것은 아닌가?

이런 세 가지 질문에 대해 좀 더 깊이 생각해보기로 하자.

먼저, 확실성에 대한 의문이다.

이는 임차인과 전체 빌딩에 대해 임대차계약이 체결되어 있는 경우에 해당된다. 즉, 채권과 같은 현금흐름이 예상되는 경우 반드시 해야 할 질문 중 하나다.

개인은 회사채의 신용등급으로 그리고 개인은 그 신용등급을 보고 위험성을 고려해 투자한다.

예를 들어, 회사채 금리가 각각 3%와 8%로 매겨진 채권 A, B가 있다고 하자. 당연히 A채권은 B보다 우량한 신용등급을 가지고 있을 것이며, B에 대해 A보다 5%p만큼의 수익를 더 주는 대신 그만큼 B회사의 신용위험, 즉 부도가능성에 대해 높게 생각하고 있다는 뜻이다. 하지만 B회사가 실제로 부도가 나는 경우에는 겨우 5%의 수익을 더 가져간 데 대한 책임이라고 돌리기엔 개인투자자의 피해가 너무 크다.

이런 이유로, 금융당국 등은 개인투자자 보호를 위해 회사의 신용등급을 구분하고 더 위험하면 아예 투기등급이라는 표현을 쓰면서까지 개인투자자에게 위험을 직접적으로 고지하려는 노력을 하게 된다.

그런데 문제는 부동산을 포함한 대체투자 시장에는 위험 수준에 대한 객관적인 지표가 없다는 점이다. 단지, 가격만 있을 뿐이다. 따라서, 안전하다고 '포장'만 한 투자 상품이 존재할 가능성이 매우 크다.

예를 들어 다음과 같은 경우가 이에 해당된다.

어느 임차인이 장기 임대차계약을 체결했다고 해서 과연 안정적인 수익이 확보되는 것일까? 만일 그 임차인이 신용도가 낮은 회사인 경우 임차인이 의도적이건 의도적이지 않건 간에 계약을 지키지 못했을 때 어떻게 되는 것일까? 신용도가 높은 회사라 하더라도 근처 더 싼 빌딩으로 이전하기 위해 또는 사업 계획이 바뀌어 임대차계약을 중도에 해지하는 경우엔 어떻게 되는 것일까?

또는 그 반대로, 신용도가 높은 임차인이 시장가격보다 훨씬 높은 임대료로 10년 장기 임대차계약을 체결했다고 해서, 그 부동산의 매매단가가 높게 거래되는 것이 과연 맞는 것일까? 임대차가 종료된 이후 재계약 임대료가 시장임대료로 환원될 때 그 거래가격은 당연히 유지될 수 없을 것이다.

결국 장기 임대차계약과는 별도로 시장임대료에 근거한 본질가치를 찾아 투자의사결정을 할 수 있는 매니저의 역량이 더욱 중요한 것은 너무나 당연하다.

반대로 불확실성에 대한 의문이다.

투자는 수익을 가져오려는 목적에서 이뤄진다. 그런데 문제는 미래가 확실할수록 수익이 작다는 점이다. 이를 뒤집어 생각해보면, 수익을 위해선 어느 정도의 불확실성이 필요하다는 것이다. 불확실성을 감내하며 큰 변화에 대해 예견하고 미리 준비하는 것이 큰 수익을 가져다주는 비결이다.

임대차기간이 투자기간보다 짧은 경우 임대차 연장 불확실성이 크다고 여겨 의사결정을 못하는 경우를 자주 보게 된다. 반대로 임대차기간이 무조건 긴 자산, 특히 해외자산의 경우 시장가치에 대해서는 거의 확인도 하지 못한 채 투자수익률만 만족하면 쉽게 의사결정을 하는 경우가 많다.

개인이 투자목적으로 오피스텔을 구입할 때 임대차기간이 1~2년에 불과함에도 임대차기간이 짧다고 이를 문제삼는 것을 본 적이 없다. 반면, 국내 기관 및 개인투자자들은 대형 상업용 부동산 투자 시 유독 임대차기간 확보에만 높은 관심을 두고 있는 것 같아 매우 안타깝다.

일반적인 기업의 경우 사업계획을 수립할 때 10년 이상의 장기 계획을 세워 그에 따른 임차 공간을 확보하는 경우는 거의 없을 것이다. 대부분의 경우 길어야 5년 이내의 사업계획을 바탕으로 이보다 짧은 임대차기간을 가져가는 것이 당연히 합리적이다. 사업계획이 없는데 임대차계약만 길게 가져갈 수는 없는 노릇이다. 따라서 평균 잔여 임대차기간은 5년보다 훨씬 짧아지게 마련이고, 이는 일반적으로 약 5~7년 이상의 투자기간을 가정하는 것에 비해 짧을 수밖엔 없다. 결국 자산가치는 시장 임대료에 맡겨지는 것이 당연하다.

그런데 투자자는 이를 불확실하다고 하며 투자를 꺼리는 것이다. 하지만 불확실하다고 해서 투자를 꺼릴 것이 아니라, 이는 논리적인 재계약 가정을 바탕으로 산정되는 가치에 대한 검토가 필요한 것이다.

마지막으로 가격에 대한 의문이다.

부동산 투자 시 가격은 수익률의 반대 개념이다. 매입 가격이 높으면 수익률은 낮아진다. 여기에서 함정은 낮은 수익률은 낮은 위험을 반드시 의미하지 않는다는 점이다. 부동산 투자는 주식이나 채권과 같이 동질한 상품이 거래되는 것이 아니라 매번 다른 상품이 거래된다. 따라서 가격 결정이 매우 어렵고 검증 또한 쉽지 않다. 이로 인해 투자자는 비싼 가격에 투자하는 경우가 종종 발생한다.[2]

먼저 보여진 그래프는 완전한 경쟁상태에서의 이상적인 거래를 실선으로 표시한 것에 불과하다. 현실 세계에서는 저 그래프 실선 위에서만 의사결정이 주어지는 것이 아니라, X-Y축 상의 모든 면적에 대해서 판단을 하게끔 놓이게 된다. 왜냐하면 우리는 이 실선을 미리 알지 못하기 때문이다.

실제는 아마도 다음 그래프와 비슷할 것이다. 리스크가 증가한다 해서 기대수익이 반드시 증가한다는 보장이 없기 때문이다.

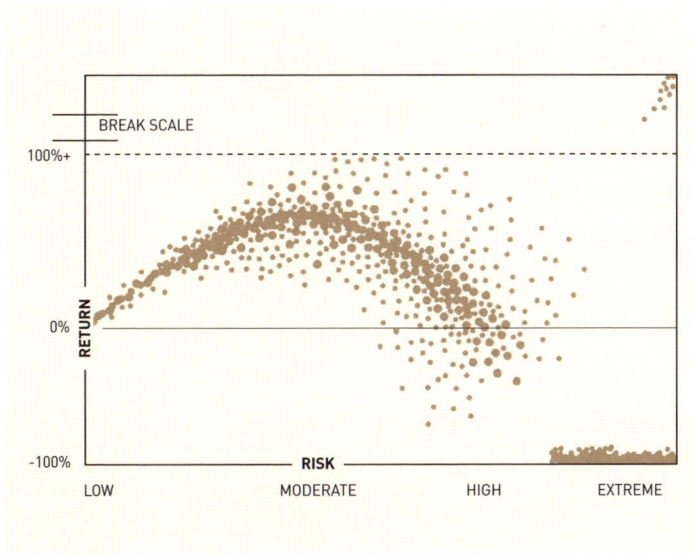

---

2) 이를 검증하기란 거의 불가능에 가깝다. 위험은 계량화가 어렵기 때문이다.

21

오히려 리스크가 증가할수록 단지 더욱 큰 범위의 예상 값만을 갖게 되며 예측 자체도 어려워진다.

결국 이로 인해 예상되는 기대수익의 최대-최저값의 평균값은 낮아지는 경향을 보이게 된다. 물론, 엄청나게 큰 리스크를 감내하는 경우 우측 상단 모서리의 점들처럼 아주 예외적이고 극단적으로 높은 수익을 보일 수도 있겠지만, 아마도 대부분의 경우엔 전체 투자금에 대한 손실을 보는 경우로 귀결될 것이다.

수익성 뒤에 숨어 있는 리스크

다음과 같은 미래 현금흐름이 예상되는 두 가지 프로젝트가 있다고 가정해보자.

즉, 처음 1,000을 투자하고, 향후 5년간 총 500만큼의 배당이 예상되고 5년 차 말에 1,000의 원본을 회수할 것을 목표로 하는 프로젝트다.

프로젝트	0	1	2	3	4	5
A	(1,000)	100	100	100	100	1,100
B	(1,000)	200	0	200	0	1,100

A, B 두 가지 중 어느 것이 더 좋은 프로젝트라고 예상되는가?

A는 일정하게 수익이 예상되지만, B의 경우 A보다 조금 더 일찍 배당을 받을 것 같아 보다 유리해 보인다.

이런 질문에 대한 답을 결정하기 전 투자결과에 대해 어떻게 좋고 나쁨을 판단하는지, 기준을 잡는 것이 필요하다.

기준이 없는 경우 그 대답은 주관적인 판단에 맡길 수밖엔 없어서 천차만별일 것이다. 사실 투자에 있어 기준을 만들기는 매우 어려운 숙제다. 하지만 기준이 전혀 없는 경우엔 그때그때 판단할 수밖엔 없어 일관성을 갖기 어려울 뿐만 아니라 결과물도 그만큼 위험이 클 수밖에 없다.

크게 두 가지 기준을 세울 수 있는데, 수익성과 변동성이다.

수익성

부동산 투자에서 수익성을 나타내는 투자 성과지표로써 IRR[3]과 멀티플(Equity Multiple)을 같이 사용한다.

IRR은 이론적으로 현금흐름의 순현재가치[4]를 0으로 만들어 주는 수익률을 말한다. 현업에서는 투자자의 기대수익률을 평가하는 지표다.

---

3) 내부수익률, Internal Rate of Return. 별첨 #21 IRR 설명 참고
4) 순현재가치, Net Present Value. 별첨 #20 NPV 설명 참고

개인투자자가 유의할 것은, IRR은 매년도 배당수익률과 다른 개념이라는 점이다.

IRR은 매각 이후에 사후적으로 측정되는 값으로써 운영기간 중에는 측정이 불가능하다. 반면, 배당수익률은 운영 기간 중에 배당으로써 주주에게 지급하는 수익률을 의미한다. 미래의 매각 가치는 예상치이며, 일반적으로 가정 긍정적인 가정을 하는 경우가 많기 때문에 IRR이 평균 배당수익률보다 높은 경우가 훨씬 많다.[5]

멀티플(Equity Multiple)은 투자기간과 상관없이 투자금을 회수하는 비율을 의미한다. 예를 들어, 앞의 프로젝트에서는 1,000을 투자해 5년 동안 총 1,500만큼의 현금이 유입될 것으로 예상하고 있기 때문에 1.5배[6]의 값을 갖는다.

이 두 가지 성과지표를 같이 사용하는 이유는, IRR은 시간에 따라 높은 민감도를 갖는 반면에 멀티플은 그렇지 않기 때문이다. 이 두 가지 성과지표를 동시에 사용함으로써 투자 전략을 쉽게 알 수 있다.

예를 들어, 'IRR 플레이를 하겠다'는 것은 투자 회수 기간을

---

5) 매각 차손이 예상되는 경우 IRR이 배당수익률보다 낮게 된다.
6) 1.5x와 같이 표시한다.

앞당겨서 IRR을 높이겠다는 의미다. 반면, 당연히 멀티플은 목표보다 낮아지게 된다.

반대로 '멀티플 게임을 하겠다'라는 뜻은 최초 목표했던 것보다 수익 시현이 늦어 지게 되어 IRR은 맞추지 못하게 되었지만 투자 원금 회수를 목표로 계속 보유하겠다는 뜻이 된다.

따라서 프로젝트의 수익성(Return)을 나타내는 지표인 IRR과 멀티플은 각각 10%/1.5x와 같이 계산된다.[7]

리스크

두 번째로 리스크(Risk)에 대해 알아보자. 한글로 리스크(Risk)를 직역하면 '위험'이지만 투자에서의 리스크는 '위험'이 아닌 '변동성'이다.

'위험'과 '변동성'은 분명 다른 의미다.

투자는 미래의 불확실성을 현재의 재화와 교환하는 작업인데, 그 미래의 불확실성에 대해 '위험'하다고 인식하면서 투자를 집행하는 것은 분명 아닐 것이다. 즉, 불확실성에 대한 '변동성'을 취함으로써 투자에 대한 초과이익을 기대하는 것이다.

---

7) 정확하게 A 프로젝트는 10.0%/1.5x, B 프로젝트는 10.4%/1.5x다.

미래에 대한 확실성이 높아질수록 '미래의 기대이익'과 '실제 시현되는 이익'의 차이가 줄어들고, 이 격차가 줄어듦에 따라 기대이익도 따라서 줄어든다. 따라서, '초과'이익이란 이 불확실성에 따른 추가적인 이익을 의미한다.

변동성은 '예상되는 현금흐름의 변동성'과 '예상과 실제의 차이'의 두 가지로 나누어 생각할 수 있는데, 일단 여기에서는 전자에만 집중해 논의하기로 한다. 앞의 두 가지 프로젝트를 다시 살펴보면, 분명히 B가 A보다 미래 현금흐름의 변동폭이 더 큼을 쉽게 알 수 있다. 변동성에 대한 대표적인 지표로는 표준편차[8]가 있으며 이를 계산하면 역시 A가 B보다 낮은 표준편차를 갖고 있다. 즉, A가 B보다 낮은 리스크를 갖고 있다고 정확히 이야기할 수 있는 것이다.

이 두 가지 프로젝트의 리스크와 수익성을 한 그래프에 표시하면 다음과 같다.

---

[8] 표준편차란 자료의 산포도를 나타내는 수치다. 즉, 얼만큼 평균에서 벗어나 있는지를 나타낸 것이다. 표준편차가 작을수록 평균값에서 거리가 가깝다.

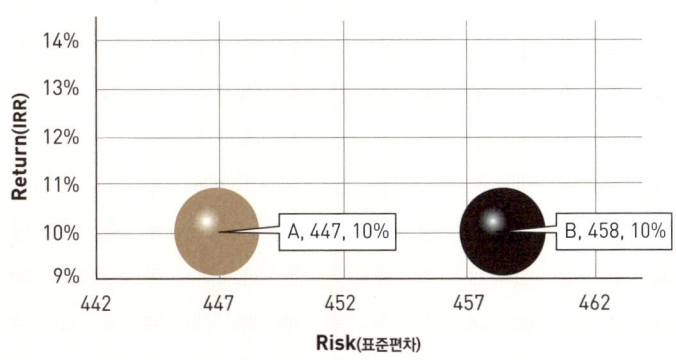

그래프에서 보듯이, A프로젝트가 변동성은 더 작으면서도 수익은 거의 동일해 A가 B보다 우수하다고 판단할 수 있다.

앞서 설명한 바와 같이, B프로젝트의 IRR은 10.4%로써 A프로젝트의 10.0%보다 약간 높다. 그렇지만 이 정도의 차이로써 B가 A보다 수익률이 좋다고 확실하게 판단하기엔 무리가 있을 것이다. 게다가, 여기에서 나타내고 있는 각기 두 가지 프로젝트의 현금흐름은 시현된 수익(Actual Cash Flow)이 아닌 미래의 기대현금흐름(Projected Cash Flow)이다.

이 결과에서 한 가지 더 생각해보자.

B프로젝트보다 더욱 빨리 배당수익을 가져다 줄 것으로 예상되는 C프로젝트를 가정해본다.

프로젝트	0	1	2	3	4	5
A	(1,000)	100	100	100	100	1,100
B	(1,000)	200	0	200	0	1,100
C	(1,000)	500	0	0	0	1,000

세 가지 프로젝트의 결과값을 그래프로 표시하면 아래와 같다.

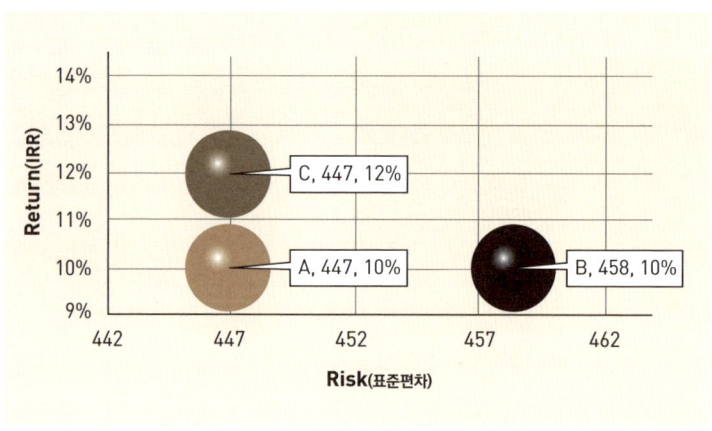

C프로젝트는 A프로젝트와 같은 변동성(표준편차)을 갖고 있지만 보다 높은 Return(IRR)이 예상되기 때문에 A보다 우수하다고 판단할 수 있다. 결론적으로, 세 가지 프로젝트는 C > A > B 순서로 분명한 선호 관계가 나타난다고 볼 수 있는 것이다.

그렇다면, 그래프에서 C와 B 사이의 빈칸에 가상의 D프로젝트[9]가 있다고 생각해보자.

이 D프로젝트는 A프로젝트보다 우수하다고 말할 수 있을까? 결론적으로, A보다 높은 수익을 가져다주면서도 높은 변동성이 예상되는 D프로젝트를 판단하는 것은 쉽지 않다. 왜냐하면, A와 D를 선택하는 기준은 투자자가 감내할 수 있는 변동성의 양에 달려 있기 때문이다. 보다 높은 변동성을 감내 가능한 투자자라면 D프로젝트가 더 좋겠지만, 내 유일한 자산을 하나의 프로젝트에만 투자할 수 있다면, D프로젝트는 정답이 아닐 가능성이 더 높다.

이 설명을 위해서 다음 예시 그래프를 살펴보자.

이는 A와 D프로젝트를 선택하는 기준에 대해 이해하는 데 도움이 될 것이다.

대부분의 투자자들은 높은 변동성을 감내하면 보다 높은 수익이 예상된다고 추정한다. 즉, 주식은 현금이나 채권보다도 일반적으로 높은 수익을 가져다 줄 것으로 기대하면서 투자하기 마련이다. 이런 생각을 도표화한다면 다음 그래프와 비슷할 것이다.[10]

---

9) IRR은 12% 표준편차는 458이라고 가정해도 좋을 것이다.
10) 이 그래프의 실선 위에 A와 D프로젝트가 있다고 생각해도 좋다.

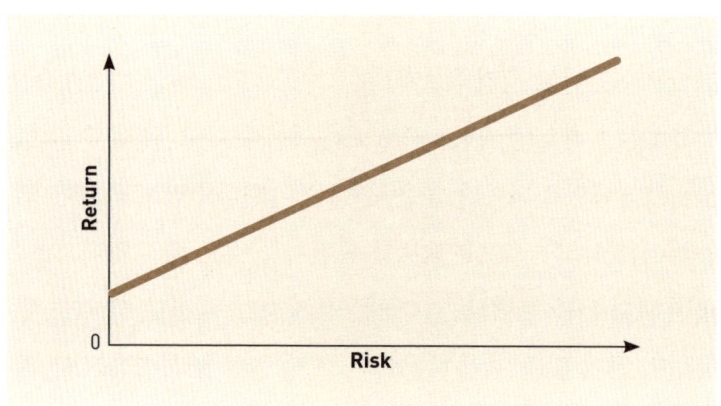

　그런데 변동성이 더 큰 투자가 반드시 더 높은 수익을 가져다주는 것은 아닌 점이 중요하다. 위의 그래프에서 보이는 우상향의 실선은 예상되는 기대수익의 평균값에 지나지 않는다는 것을 간과해선 안 된다. 이를 보다 정확히 표현한다면 다음과 같은 그래프가 될 것이다.

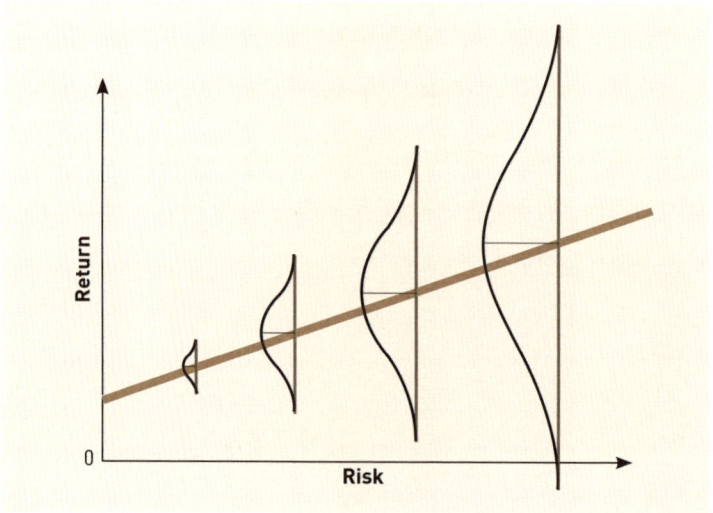

앞의 그래프 중 가장 오른쪽의 경우엔 손실 가능성이 있음을 보여 주는 데 주목해야 한다.

이는 현실 세계에서도 변동성이 큰 프로젝트의 경우 원본손실 가능성이 있다는 것을 의미한다. 실제 꽤 자주 일어나는 현상이다. 우리가 그동안 많은 투자를 통해 손실을 보았던 경험이 이를 말해준다. 높은 기대수익은 그만큼의 큰 변동성과 극단적으로 투자금을 잃을 수 있는 가능성을 동시에 제공한다는 것을 잊어서는 안 된다.

반면에 가장 왼쪽에 표시된 프로젝트는 변동성이 작고 이에 따라 기대수익과 유사하게 수익을 시현할 확률이 높다.

부동산 투자에 이런 내용을 적용해보면, 가장 오른쪽은 개발사업이고 왼쪽은 안정화되어 있는 우량 오피스의 경우에 해당될 수 있을 것이다.

따라서 고수익을 추구할 수 있으며 원본 손실도 감내 가능한 정도의 여유자금이라면 오른쪽과 같은 프로젝트에 투자할 수 있겠지만, 원본을 반드시 지켜야 하는 노후자금 같은 투자금이라면 왼쪽의 프로젝트를 선택하는 것이 바람직할 것이다. 또한, 개인이 투자 가능한 상장리츠의 경우 가능한 한 왼쪽의 안정적인 자산을 담아야 한다.

2. 주식과 채권을 뛰어넘다 – 대체투자의 이해

투자 시장은 크게 전통투자(Traditional Investment)와 대체투자(Alternative Investment)로 나눌 수 있다. 전통투자는 주식 채권을 대상으로 하며, 대체투자는 주식 채권이 아닌 다른 자산군에 투자하는 것을 말한다. 대체투자 시장은 다시 크게 PEF(Private Equity Fund), 부동산, SOC(Social Overhead Capital)로 다시 크게 구분할 수 있다.

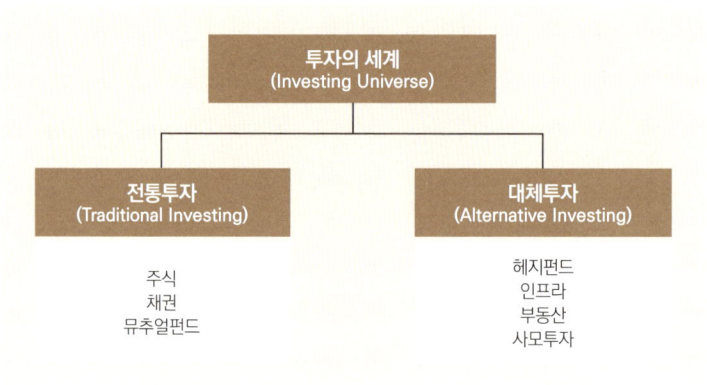

전통투자 시장이 약 100년이 넘는 반면 대체투자 시장은 길게 봐야 30여 년이 채 되지 않는 신규 시장이다. 또한 투자 자산의 성격이 전통투자와는 달라서 기존의 전통투자 시장의 방법론이 적용되지 않는 경우가 많다.

대체투자는 전통투자에 비해 위험조정수익률(Risk Adjusted

Return)이 좋아서 점차로 투자 규모 및 비중이 증가되는 추세다. 우리나라에서 가장 큰 규모의 자산운용을 하고 있는 국민연금의 경우에도 약 10% 남짓의 투자 비중을 대체투자에 집중하고 있으며, 다른 주요 연기금도 이보다 훨씬 높은 수준의 대체투자 비중을 유지하고 있다.

[국내 연기금 대체투자 비중]^{x)}

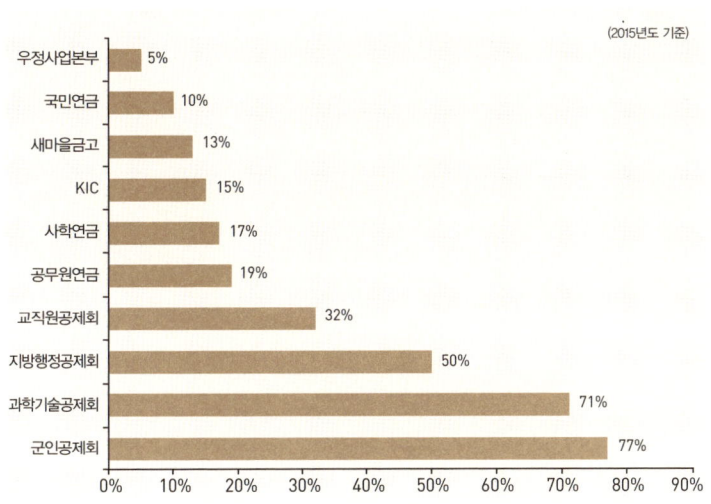

대체투자에 힘을 쏟는 것은 국내 투자자뿐만이 아니다. 세계 유수의 연기금도 대체투자 비중을 상당히 높게 가져가고 있는 것을 볼 수 있으며, 수익률 또한 대체투자 비중이 클수록 높은 경향을 보이고 있다.

[세계 6대 연기금 자산배분내역] xi)

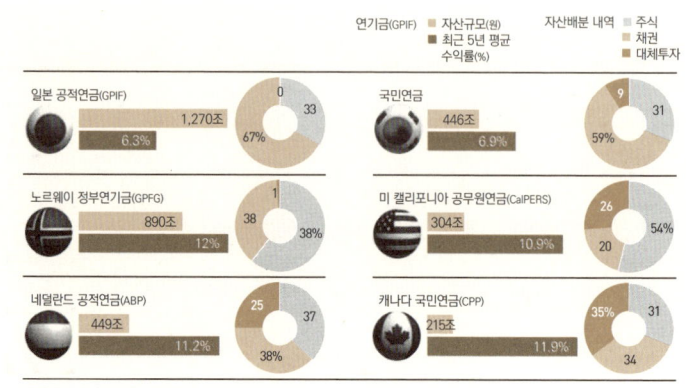

대체투자는 주식·채권 등 전통적 투자처가 아닌 부동산·벤처기업·원자재·사모펀드·예술품 등에 투자하는 것을 말함.
출처 : 각 기금, 조선일보

    그런데 이 대체투자 분야 중 한 축을 차지하는 것이 부동산 분야다. 전 세계 대체투자 투자 규모에서 약 35%를 차지하며, xii) 국민연금의 경우에도 40%를 차지한다.

[국민연금의 종목별 대체투자 현황] xiii)

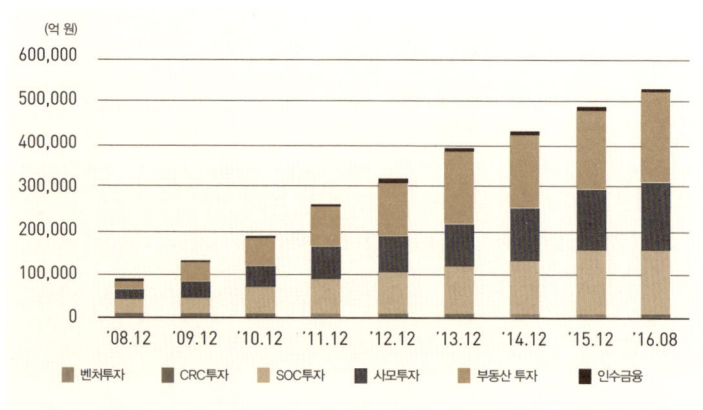

[국민연금 대체투자에서 부동산의 비중]xiv)

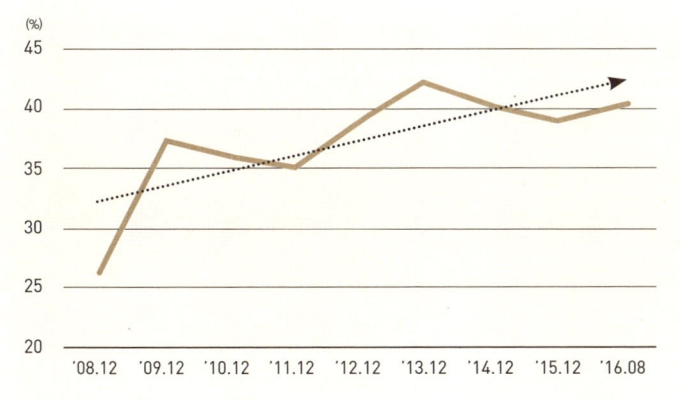

3. 대체투자의 특징

부동산 투자 시장이 속해 있는 대체투자 시장의 특징을 살펴보기로 하자.11)

이는 최근 전통투자 시장(Traditional Investment) 대비 대체투자 시장이 각광을 받고 있는지에 대한 설명이 될 수 있다. 대체투자는 그 자체로 매우 다른 별도의 시장으로써 주식, 채권에서 주로 쓰이던 방법론이 통하지 않는 경우가 더 많다. 결국 전통적인 관점에서 대체투자를 검토하고 비교하는 것이 자

---
11) 별첨 1 대체투자와 전통투자 비교표 참조

칫 우(愚)를 범할 수 있다는 점을 잊지 말아야 한다.

증권사, 운용사에서도 주식, 채권을 담당하는 부서에서 대체투자를 직접 다루지 않고 별도의 부서를 운영하고 있다. 향후 점차 운영뿐 아니라 리스크 관리에서도 다르게 접근해야 할 것으로 생각된다.

안정적이면서도 높은 수익성

대체투자는 일반적으로 전통투자에 비해 우수한 위험조정 수익률을 나타낸다.

동일한 수익률인 경우 낮은 변동성을 나타내며, 동일한 변동성을 갖춘 경우보다 높은 수익률을 기대해도 좋다는 의미다.

[주요 투자자산의 리스크와 수익성]^{xv)}

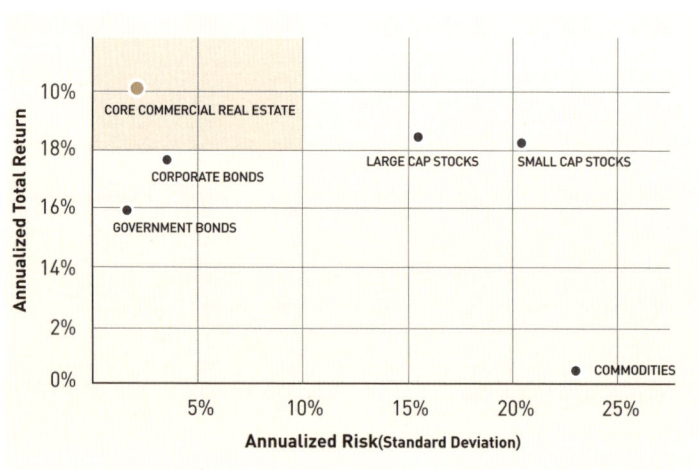

표는 1993년부터 2013년까지 약 20년간 미국 주식의 주요 투자자산[12]의 성적표다. 변동성이 크고 수익은 낮은 것은 가장 우측에 있는 원자재 투자다. 유사한 변동성을 갖고 수익성이 높은 것은 소형주(Small Cap Stock)이며, 수익성은 비슷하고 변동성이 더 낮은 것이 대형주(Large Cap Stock), 다음으로 회사채(Corporate Bonds)와 국고채(Government Bonds)가 분포한다.

그런데 여기서 중요한 것은 변동성이 가장 작고 수익성이 높은 종목은 대형 상업용 부동산을 보유한 리츠(Core Commercial Real Estate)라는 점이다.

물론, 과거의 성적이 미래의 성적을 보장하는 것은 아니다. 하지만, 리츠가 매우 좋은 투자 성적을 올렸다는 것은 부인할 수 없는 것이 사실이다.

주식, 채권과 낮은 상관관계

전통투자인 주식 및 채권 시장과 대체투자인 부동산 시장과는 상관관계가 낮다.

즉, 주식 시장 또는 하루 채권 시장이 오르고 내린다고 해

---

[12] Government bonds=BofA Merrill Lynch Treasury Master, Corporate Bonds=Barclays U.S. Aggregate Corporate Intermediate, Core Real Estate=NCREIF Property Index(NPI), Large-cap Stocks=Russell 1000, Small-cap Stocks=Russell 2000, Commodities=S&P GSCI

서 대체투자 시장이 여기에 민감하게 반응하지 않는다는 이야기다.

물론, 부동산 투자의 경우 차입이 일반적이어서 대출금리가 상승하는 경우 투자수익률이 낮아지고 이는 자산가격 하락의 요소가 될 수도 있다. 하지만 주식-채권 시장과 높은 상관관계를 유지하는 것은 아니다.

이는 단일 투자로써도 부동산은 의미가 있지만, 자산 포트폴리오 구성에 있어 매우 유리한 툴(Tool)을 제공해줄 수 있는 요소이기도 하다.

일반적으로 5년 이상의 긴 투자기간

대체투자는 수년 이상의 장기투자가 일반적이다.

대체투자는 높은 거래 비용이 발생하는 것이 일반적이어서 매입 직후에 매각하는 경우 거래비용을 차감하고 나면 남는 것이 거의 없게 된다. 또한, 리모델링 등 적극적인 자산운용을 통해 자산가치를 올리는 경우에도 이를 위해 상당기간이 소요되는 것이 당연하다. 이로 인해 1년 미만의 단기 투자는 거의 찾을 수 없고 아무리 짧아도 3년 내지는 대부분 5년 이상의 투자기간을 가정하는 것이 일반적이다.

참고로, 자산운용은 자금의 원천과 투자처 사이의 현금흐름의 기간(구체적으로는 듀레이션^{Duration}이라고 한다)을 맞추는 것이 전부라고 해도 과언이 아니다. 만일 내가 지금은 목돈이 있는데 10년 뒤 자녀 학자금으로 쓸 자금이라고 하면, 투자 기간 10년짜리 상품에 투자하면 적합하다는 뜻이다. 그런데 대체투자는 장기 투자 상품으로써 듀레이션 매칭으로 매우 적합하며, 주식 및 채권의 짧은 운용기간을 보완하는 수단으로써도 적절하게 사용 가능하다.

거래 기간이 오래 걸립니다 – 유동성 제한

주식이나 채권의 경우 장이 열리는 시간에는 거의 실시간으로 거래가 가능하다.

대체투자의 경우엔 투자 기간 중에 투자금 회수가 거의 불가능하거나 일정 기간이 걸리는 등의 제한이 있는 경우가 대부분이다. 예를 들어, 부동산 투자 중 가장 유동성이 높다는 아파트의 경우에도 매매를 종결하는 데 1개월 정도 걸린다.

하지만 상장된 리츠의 경우엔 증시를 통해 거래가 가능해 투자 원금을 회수 또는 재투자가 용이해, 유동성이 낮은 단점을 극복하고 있다.

대출받아 투자하는 것은 상식?

대체투자는 대출을 활용해 투자함이 매우 일반적이다.

반면 주식 및 채권 투자를 할 때 대출을 끼고 하는 경우는 흔치 않다. 예를 들어, 투자용 아파트를 산다고 할 때 대출을 끼고 투자한다고 하면 이상하게 보는 경우는 별로 없을 것이다.

오히려 대출 없이 사는 경우가 더 드문데, 이는 일반적인 주식 투자 행태와 상당히 다른 점이다.

수수료가 높을수록 성과도 좋다?

전통투자 대비 비교적 높은 운용 수수료가 책정되는 것이 일반적이다.

주식이나 채권과 달리 매입 이후 적극적인 자산운용이 필수적이기 때문이다. 즉, 주식보다 높은 수수료를 부과한다고 해서 마냥 비판하는 것은 잘못된 지적일 가능성이 높다. 물론, 무작정 수수료만 높게 책정한 경우도 있을 수 있겠지만 그런 경우엔 시장에서 잘 팔리지 않을 것이다.

대체투자는 매니저의 역량에 따라 결과가 크게 좌우되며, 그에 따라 좋은 운용사일수록 수수료도 높게 책정되는 것은 어찌 보면 당연하기 때문이다. 오히려 수수료가 싼 게 비지떡일 가능성이 크다. 높은 수수료가 책정된 리츠의 경우 수익률이 더 높다는 연구결과도 있다.

언젠가는 본전을 찾습니다 – 낮은 원금 손실 가능성

부동산을 매입한 이후 시세가 내려갈 때 어떻게 하는지 생각해보면 답이 나온다. 원금 손실을 보고 매각하는 경우는 좀처럼 없다. 때를 기다리다 보면 언젠가는 원금 회복을 하는 경우가 더 많다.

반면 주식-채권의 경우 마냥 기다린다고 해서 원금회복이 되는 경우는 흔치 않다. 회사가 망하는 극단적인 경우를 생각해보면 결과는 더욱 명확해진다. 쉽게 하는 말로 부동산은 땅이라도 남는다. 하지만 주식-채권의 경우 휴지조각이 되고만다.

이것은 투자자산(Underlying Asset)이 실체가 있는지 여부에 따라 달라지는 당연한 결과다.

아직은 개인투자자에게 덜 알려져 있다 – 기관투자자 중심의 시장

전통투자 시장의 경우 개인 투자자금의 참여가 핵심적인 구성요소다.

개인투자자를 모집한다는 것은 시장에서 가장 효율적인, 가장 저렴한 요구수익률을 조달한다는 것을 말하기 때문이다. 대체투자 시장은 아직까지는 기관투자자의 접근이 더 많으며, 개인투자자는 리츠 등의 제한적인 경우에만 허용되고 있다.

좋은 매니저가 좋은 성과를 가져온다 – 매니저의 중요성

대체투자의 성과는 거의 전적으로 대체투자 자산을 운용하는 사람인 운용역-매니저에게 달려 있다.

반면 주식-채권을 다루는 전통자산의 성과는 개별 매니저의 역량보다도 전체 시장의 흐름에 따라 좌우되는 경향이 크다.

다음은 매니저의 중요성을 설명하는 그래프다.

[운용역이 수익성에 미치는 영향력]^{xvi)}

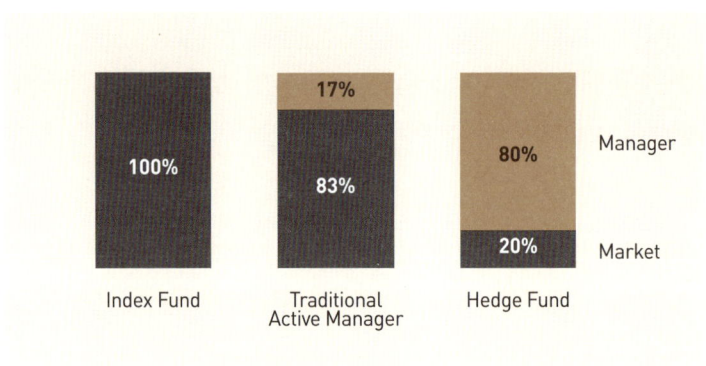

가장 좌측은 인덱스 펀드(Index Fund)로써 시장 자체-예를 들어 종합주가지수를 그대로 추종하는 것을 나타낸다. 당연히 매니저의 역할이 없기 때문에 매니저가 결과 값에 미치는 영향은 없다.

중간의 그래프는 주식-채권과 같은 전통투자 시장에 참여하는 매니저(Traditional Active Manager)가 종목을 선정하고 매수-매도 시점을 결정해 적극적 운용을 할 때의 결과를 보여준다. 수익률 중 약 17%에 대해 매니저의 역량이 결과에 영향을 미치며 나머지 대부분은 시장에서 영향을 받는 것을 보여준다.

반면, 대체투자의 대표상품인 헤지펀드의 경우 매니저가 수익성에 무려 80%의 영향을 미치는 것을 볼 수 있다. 즉, 전체 시장과 상관없이 매니저의 능력에 따라 성과는 크게 달라질 수 있다는 점이다.

좋은 매니저의 선정이 무엇보다도 중요하다는 것을 보여준다. 뒤집어서 생각해보면, 나쁜 매니저를 선정한 경우엔 다른 자산 가격이 다 올라도 내가 실제로 손에 쥐는 성과는 나쁘게 나타날 수 있다는 뜻이기도 하다.

4. 계속 주식, 채권만 고집하시렵니까?

투자할 때 한바구니에 담지 말라는 격언이 있다.

분산투자는 타자산과의 상관성(Co-relation)이 낮고 만기, 변동성 등이 서로 다른 투자군을 섞을 때 향상된 결과를 보여준다. 당연하게도 성적이 나쁜 상품을 아무렇게나 섞어 투자 포트폴리오에 넣자는 뜻이 아니다.

개인이 투자 가능한 상품은 크게 주식, 채권 그리고 부동산 정도로 구분할 수 있으며 이들의 성적표를 살펴보자.

다음은 익숙한 지난 약 20년간의 주식 시장(KOSPI)의 그래프다.

[KOSPI 종합주가지수]xvii)

아래는 비슷한 기간 동안의 국고채 수익률 그래프다.

[국고채 수익률]

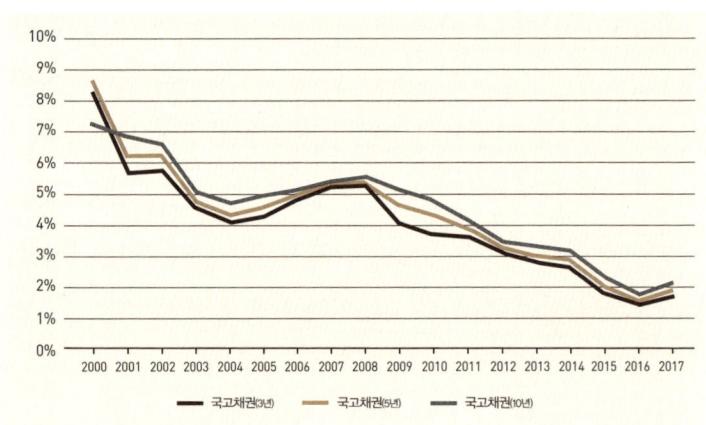

다음은 지난 약 20년간의 서울 대형 오피스 매매 시장에서 발생한 수백 건의 거래 중 중복 거래된 사례를 표시한 것이다.

좋은 상품의 경우 중복 거래되는 경우가 당연히 많다. 기관투자자는 만기를 갖고 투자한 사례가 대부분이다. 따라서 기관투자자의 투자 사례가 거의 대부분 포함되어 있다.

그래프에서 오피스의 매매가격이 지속적으로 상승하는 추이를 확실히 찾을 수 있다.

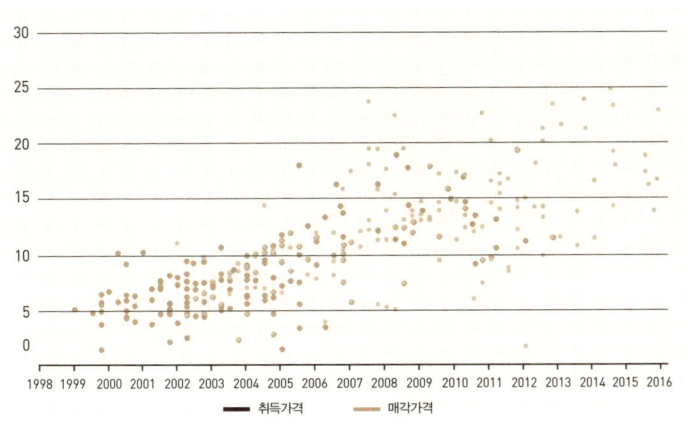

미국 리츠 시장 엿보기[13]

다음에서는 전 세계 리츠 시장 중 가장 큰 미국의 리츠 성적표를 비교해보자.

---

13) NAREIT REIT Watch 2016.12.31. 기준

국내의 단편적인 데이타보다 훨씬 정교하게 알아볼 수 있으며, 이는 향후 국내 리츠 시장이 커질 때 어떤 모습으로 발달하게 될지에 대한 기대치 정도로 볼 수 있을 것으로 생각된다.

2016년도 말 기준으로, 미국 리츠 시장은 224개의 리츠를 통해 시가총액 약 1,170조 원($1.019조) 규모이며 약 2천조 원($1.8조)의 상업용 부동산 자산을 보유하고 있다.[14] 참고로, 국내 코스피 시장의 규모-약 760개 기업 상장, 시가총액 약 1,300조 원과 비교해보면 미국 리츠 시장이 엄청나게 큰 것임을 알 수 있다.

[주식(S&P500, Russell 2000)과 리츠 종합 수익률 비교][xviii]

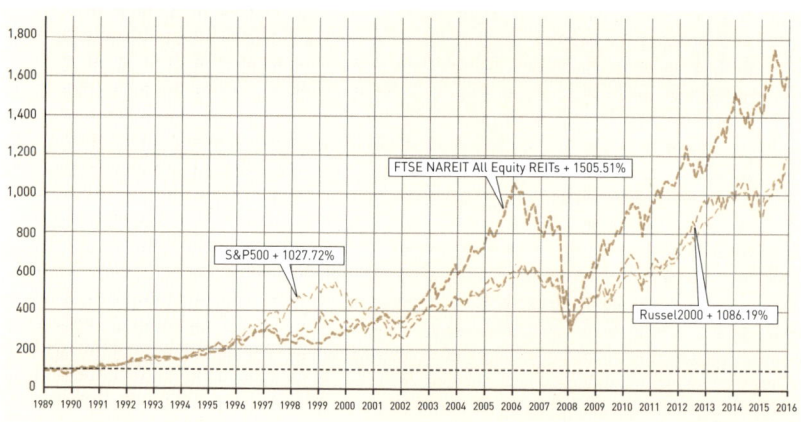

---

14) 2013년말 기준으로 볼 때 상장리츠 자산 규모로 94%를 차지하고 있다. 즉, 대부분의 리츠가 상장되어 거래 중이다.

1989년도부터 2016년 12월말까지의 매월간 수익을 비교한 그래프다.

1989년을 100으로 기준했을 때 리츠는 1,505%의 수익률을 보이고 있으며 대형주 중심인 S&P500지수는 1,027%, 중소형주 중심인 Russel2000 지수는 1,086%를 보이고 있다.

[1996년~2016년, 20년 평균 수익률과 변동성 비교]

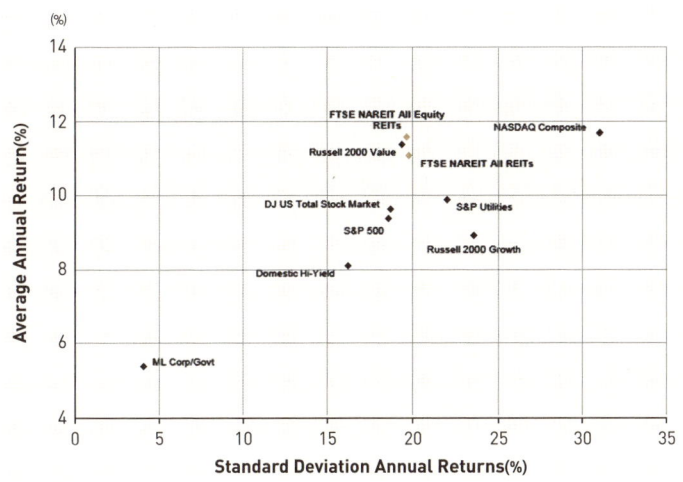

Price only Returns.
Source : NAREIT®, FactSet.

비교표의 좌측 상단에 위치할수록 수익성은 높고 변동성은 작기 때문에 우수한 투자 상품이다. 별색 점으로 표시된 리츠는 주식 또는 채권보다도 훨씬 좋은 성적을 거두었음을 보여준다.

다음 두 가지 표는 지난 1972년부터 2015년까지 리츠와 주식의 연간 주가변동에 따른 수익률 및 배당수익률을 나누어 그린 것이다.

리츠는 배당수익률 7.81% 및 전체 수익률 13.59%를 보이며, 대형주식을 보여주는 S&P500지수는 배당수익률 3.32% 및 전체 수익률 11.85%를 보여주고 있다. 역시 리츠가 높은 안정성은 물론 수익성을 동시에 보여주고 있음을 알 수 있다.

[리츠 연간 수익률][15]

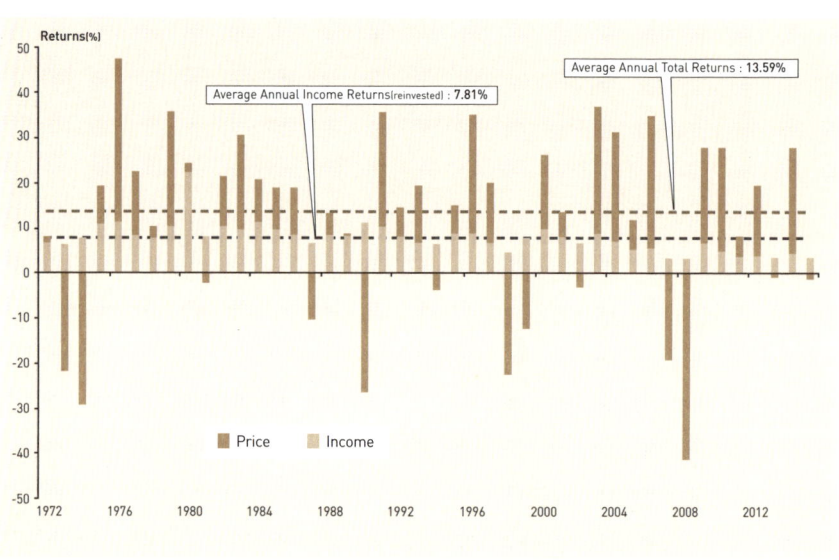

Source : FTSE™. NAREIT®

---

15) FTSE NAREIT All Equity REITs, Annual Returns, 1972~2015

[S%P500 수익률]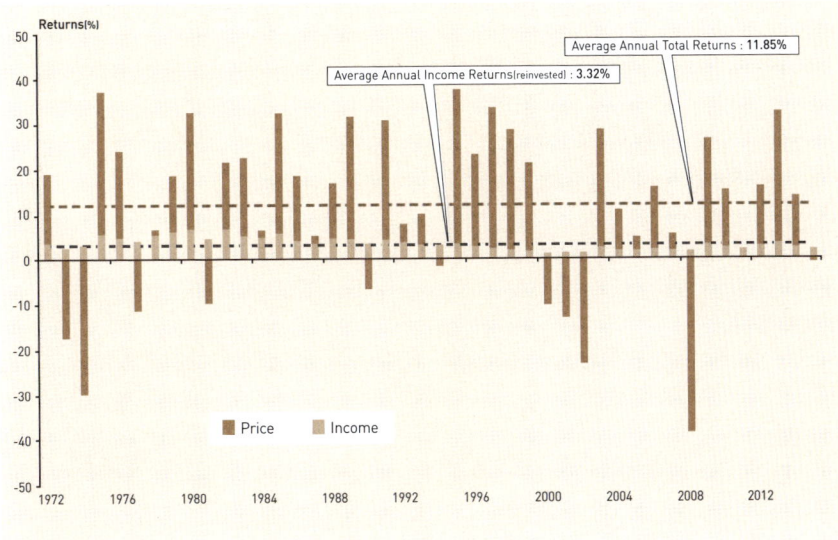

Source : NAREIT®, FactSet.

당연히 투자상품은 주식, 채권, 부동산만으로 단순히 구분할 수 없으며 셀 수 없이 다양하다. 하지만 크게 볼 때 세 가지 투자군(投資群) 중에 어느 것이 더 좋은 결과를 얻기 쉬워 보이는가? 리츠는 높은 연간 배당수익률을 바탕으로 기초 자산 가격 상승까지 뒷받침하고 있으니 안정성 및 수익성이 모두 우수한 결과를 갖는 것은 어찌 보면 당연한 결과다.

---

16) S&P 500, Annual Returns, 1972~2015

국내에선 그동안 부동산을 기초자산으로 해서 만들어진 개인용 투자상품이 극히 드물었기 때문에 이를 투자할 기회가 크지 않았다. 하지만 향후 상장리츠 시장이 커짐에 따라 개인투자자는 보다 우량한 기초자산을 갖고 있는 투자 기회를 갖게 될 수 있을 것으로 기대한다.

5. 나만의 투자기준, 만기를 일치시키자! – 듀레이션 매칭

투자에 있어 안정성과 수익성 모두를 동시에 좇기 어려운데, 문제는 그때그때 상황에 따라 무엇이 더 중요한지가 다르게 느껴지는 것이다.

이는 전문가를 찾아간다 하더라도 별반 다르지 않다.

은행에 가면 저축보험 가입하라고 하고, 증권사에 가면 ELS 상품이 좋다고 하며, 보험사에서는 변액연금을 추천한다.

전문가를 믿지 않고 혼자서 열심히 공부해보니, 수익성이 높은 주식과 안정성이 좋은 채권에 일정 비율을 분산투자하면 좋은 것 같다. 그런데 실제로는 개인이 주식이건 채권이건 어느 시장 하나 제대로 이해하고 투자해 성과 올리기란 만만치 않은 것은 잘 알고 있을 것이다.

그런데 이것은 비단 개인만의 문제는 아니다. 내로라하는 자산운용 전문가가 수백 명씩 모여 있는 대형 기관에서도 주식과 채권, 대체투자팀이 모두 분리되어 있고 서로의 내용에 대해 거의 이해하지 못한다. 서로 자신이 공부하고 이해한 세상 속에서만 상품을 찾아 와서 투자해달라고 아우성이다. 심지어는 이를 조정하는 팀이 별도로 있을 정도다. 그런 마당에 개인이 분산투자를 직접 하라고 종용하는 것은 사기에 가깝다.

또한 더 근본적인 것은 나 자신을 믿을 수 없다는 사실이다. 미래를 위한 저축을 했다가도 급한 사정이 생기면 당장 써야 하고, 여윳돈이 조금이라도 보이면 주변의 소비 유혹은 매우 달콤해진다.

거창한 자산관리를 누가 대신 해주는 것도 아니고, 내 수입과 지출 또한 계속 변하는데다가 내 자산관리의 목표 또한 그때그때 달라진다.

이럴 때엔 변치 않는 기준이 필요하다.

장기 자산관리의 핵심은 자산과 부채의 만기[17]를 일치시키는 것이다. 실제로 이 방법은 전문 자산운용사에서도 그대로 사용된다.

---

[17] 전문용어로는 듀레이션(Duration)이라 부르며, 보다 정확히는 만기가 아닌 미래 현금흐름의 가중평균 만기다.

예를 들어, 집의 담보대출을 통해 20년 만기 일시상환 조건으로 고정금리 연 5.0%, 2억 원을 빌렸다고 가정해보자. 이로 인해 은행에 갚아야 할 현금흐름은 1) 20년간 연간 1,000만 원씩의 이자와 2) 20년 후 원금으로써 2억 원이 생겨난다.

이제 필요한 것은 이 현금흐름에 맞춘 투자처를 찾는 것이다. 여기에서 중요한 것은 투자처의 현금흐름-만기도 이에 맞아야 한다. 즉, 20년 동안 최소 연 5%의 배당수익을 주면서 20년 후에 일시로 2억 원의 원금이 발생할 수 있는 곳을 찾으면 된다.

그런데 여기에서 가장 중요한 것은 현금흐름의 만기, 즉 기간을 맞추어야 한다는 점이다.

만일 20년보다 만기가 짧은 5년 만기 6%짜리 회사채에 투자했다면 5년말에 2억 원의 원금을 회수할 수 있지만 투자처를 다시 구해야만 하는 재투자 위험에 노출된다. 그때 만일 6%짜리가 아닌 5%보다 더욱 낮은 상품밖에 없다면 매우 어려운 상황에 봉착하게 된다.

사실, 이것은 IMF 때 종금사가 부도를 맞은 가장 근본원인과도 내용이 같다. 최근 생명보험사의 역마진도 같은 이유다. 보험계약자들에게는 장기 고정금리 상품(이는 보험사에겐 언젠가 돌려줘야 할 부채다)을 판매했는데, 실제 자산운용은 단기 변동금리에 투자하다가 시중금리가 낮아지자 역마진이 발생한 것이다. 이는 정확히 일본의 생명보험사들이 대규모 파산을 한 이유와 같다.

그런데 이와 같이 설명하면, 20년 내내 배당을 주면서 원금을 보전할 투자처를 도대체 어디서 구할 수 있냐며 허탈해 할 수 있다. 이는 장기 투자상품을 구하기가 어렵기 때문인데, 이 질문에는 바로 상장리츠가 정확한 답이 될 수 있다.

리츠는 투자기간이 장기인데다가 안정적인 배당을 줄 수 있다. 게다가 투자처인 부동산은 기본적으로 인플레이션 헤지가 가능한 투자처이기 때문에 장기적 물가상승에 대해서도 충분히 대응 가능하다.
앞에서 예시로 설명한 대출금은 20년 동안 원금은 그대로 유지된다. 하지만 부동산 투자자산의 경우 20년 후의 가치가 상승했을 확률이 훨씬 클 것이다.

물론 앞의 설명처럼 모든 자산을 리츠에 투자하는 것이 정답은 아니다.
하지만 오답일 가능성보다는 정답일 가능성이 훨씬 크다고 생각한다. 투자자산은 지분투자(Equity)이고 기초자산은 대출(Loan)이기 때문에 기본적으로 투자자산이 대출금리보다 높은 수익률이 시장에서 찾아져야 하는 것이 타당하다. 그 차이만큼이 개인이 짊어지는 위험, 변동성으로 생각하면 쉽다. 그리고 앞서 여러 차례 설명한 바와 같이 위험, 변동성이 수익과 연결된다.

　각자 필요로 하는 향후 필요 자금에 맞추어 투자자산을 찾고 적절히 배분하는 수고는 필요하다.
　잊지 말아야 할 것은 안정적인 배당수익과 함께 증시를 통해 원금을 회수할 수 있는 장기 투자처는 리츠가 거의 유일하고 반드시 투자 포트폴리오에 포함시켜야 한다는 점이다.
　주식과 채권으로만 이뤄진 포트폴리오에서 리츠가 편입되었을 때 변동성은 감소하고 수익성은 상승한다. 이는 예측 또는 주장이 아니라 논문 및 실증자료를 통해 검증된 사실에 가깝다.

〈비하인드 스토리 – ING센터〉
사옥 목적으로 100% 임차해 사용하는 기업들은 부동산을 보유하는 수고로움을 덜면서도 보다 쉽게 사용할 수 있습니다.

임대인 입장에서도 외부 임차를 위한 각종 수수료를 절감할 수 있어 시장보다 경쟁력 있는 임대료를 임차인에게 제시할 수 있어 서로 원원관계가 가능합니다.

02

부동산으로 돈버는 방법

부동산 투자 전략

상업용 부동산에서 주먹구구식의 투자는 이미 끝난 지 오래다. 투자자별 성향에 따라 투자 전략을 수립하고 그에 따른 다른 투자 상품을 구성하고 있다. 부동산 투자 전략에는 어떤 것이 있는지 먼저 살펴보고 어떻게 부동산 투자를 통해 돈을 만들어 내는지 알아보기로 한다.

1. 고수의 투자 전략

리스크와 수익성의 상관관계는 부동산 시장에서도 그대로 적용된다.

가장 낮은 변동성(Risk)을 갖고 있는 투자 대상을 코어에셋(Core Asset)이라고 한다. 여기에 투자하는 투자자를 코어투자자(Core Investor)라고 부르고, 안정화 되어 있는 코어 오피스(Core Office) 또는 리테일을 대상으로 투자하는 방법을 코어전략(Core Strategy)이라고 한다. 은퇴자금을 운영하는 연기금, 보험사 등이 주요 투자자다.

이보다 점차 높은 변동성(Risk)을 갖고 있는 것을 코어플러스(Core Plus), 밸류에디드(Value Added) 및 오퍼튜니스틱(Opportunistic)이라 각각 부르며 이를 개략적으로 도식화 하면 아래와 같다.

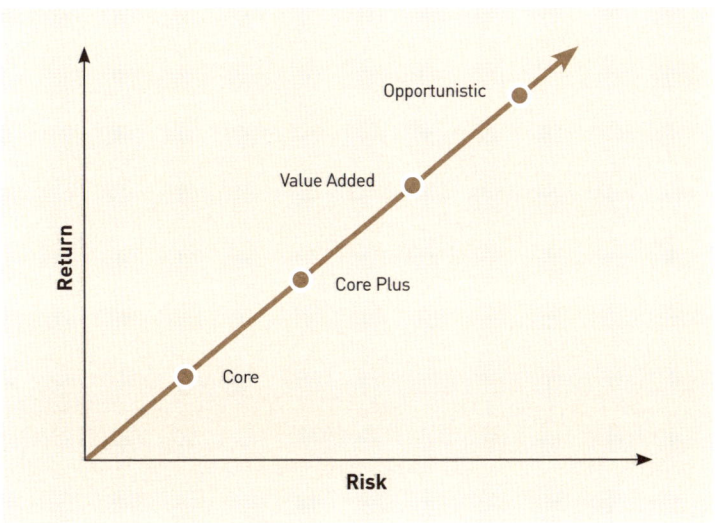

이 부동산 투자전략은 크게 대상자산, 보유기간, 차입비율으로 구분되어 설명될 수 있다. 우선 대상 자산을 중심으로 설명하면, 코어(Core) 자산의 경우 1)입지, 2)건물, 3)임차인의 3박자가 모두 매우 우수한 것을 말한다. 코어플러스(core plus)는 이 세 가지 요건 중에 어느 한 요건 이상이 부족한 것을 말하며, 밸류에디드(Value Added)는 이 부족한 요건을 개선시키는 적극적인 자산운영(Asset Management)을 수행하는 것을 말한다. 마지막으로 오퍼튜니스틱(Opportunistic)은 기존 건물을 밀어내고 새로 개발하는 프로젝트를 말한다.

보유기간이 길어질수록 목표수익률도 낮아지는 경우가 일반적이다. 오퍼튜니스틱(Opportunistic) 투자 시 3~5년의 보유기간을 갖고 있으며, 코어 투자(Core Investment)의 경우엔 최소 5년에서 7~10년 이상을 추구하는 경우도 많다.

대출비율 또한 목표수익률과 반비례한다. 즉, 코어(Core)의 경우 차입을 하지 않거나 하더라도 자산가치 대비 50% 미만[18]으로 투자한다. 반대로 오퍼튜니스틱 투자(Opportunistic

---

[18] Loan To Value, 줄여서 LTV라고 한다. 여기에서 Value는 매매가격을 사용하는 경우도 있지만, 대부분 매매가액의 약 95% 전후 정도로 측정되는 담보평가액을 기준으로 하는 경우도 많다. 그 이유는 LTV를 사용하는 것은 대주(Lender)이기 때문이다. 반면 이와 비슷한 용어로 Loan To Cost(LTC)가 있는데, 이는 매매금액에 부대비용을 더한 것을 코스트(Cost)로써 계산한 대출비율이다. 총 투자금 대비 얼만큼의 차입이 있는지 알기 위해 투자자 기준에서 사용하는 지표로써, 개발사업과 같이 대상자산의 가치(Value)측정이 어려울 때 LTV의 대용으로 사용된다.

Investment)의 경우엔 차입비율을 매우 높여서 70% 이상 가져가는 경우가 많다. 좀 더 발전시켜 생각해보면, 코어자산(Core Asset)을 매입한다 하더라도, 이와 같이 차입비율을 높이고 자기자본 투자금액을 낮추어 수익률을 극대화하는 전략을 가져가는 오퍼튜니스틱 투자(Opportunistic Investment)가 가능하다.

코어(Core)

코어 투자는 투자기간이 가장 긴 전략적 투자다.

일반적으로 7~10년 이상의 투자기간을 갖는다. 따라서 투자자는 이 투자기간보다 긴 만기(Duration)를 가진 대형 자산을 운영하는 국부펀드(Sovereign Wealth fund) 또는 대형 연기금(Pension Fund)인 경우가 많다.

코어 자산은 일반적으로 미래 현금흐름이 안정적으로 창출 가능할 것으로 기대되는 자산이며, 신용도가 높은 우량한 다수의 임차인과 다양한 만기의 임대차계약이 있는 것이 기본이다. 소위 도심 내 위치하는 '트로피(Trophy)'라고 불리는 랜드마크 오피스 빌딩이 이에 해당된다. 도시를 대표하는 오피스라고 생각하면 쉽다.

차입은 거의 없거나 있다고 하더라도 50% 미만으로 유지한다. 코어에 투자하는 투자자는 가장 낮은 요구수익률을 갖고 있기 때문에 가장 높은 매매가격을 제시할 수 있다.

코어투자자의 기대수익률(IRR)은 일반적으로 10% 미만이나 절대적인 것은 아니고, 투자자의 성향 또는 투자 대상 국가에 따라 10%를 넘나드는 경우도 있다. 이는 매년간의 배당수익은 물론 장기적인 자산가치 상승분을 포함한다.

코어(Core) 투자는 다른 투자에 비해 변동성이 낮은 연간 배당수익의 비중이 높으며, 이에 비해 밸류에디드(Value Added) 또는 오퍼튜니스틱(Opportunistic) 투자는 배당보다 자산가치 상승에 대한 의존도가 전체 시현 수익률에서 점점 높아진다.

코어플러스(Core Plus)

코어플러스 자산은 코어 자산 대비 어느 부분이 약간 부족한 상태다.

예를 들어, 연면적 등 자산 규모가 코어까지는 미치지 못하거나 건물 노후화가 급속히 진행되고 있거나 초우량 임차인을 확보하지 못한 경우 등이 해당된다. 코어플러스는 코어보다 높은 요구수익률을 갖고 있는 투자자가 보다 짧은 투자기간을 갖고 차입을 통해 투자하는 경우가 일반적이다.

당연할 수 있겠으나, 수익률 측면에서 코어보다 배당수익보다는 매각차익에서 목표 수익률을 달성하는 경우가 많다.

코어플러스투자자의 기대수익률은 IRR 기준 10% 중반 전후가 일반적이다. 민감하지는 않지만 투자 대상 국가의 국고채 금리, 즉 무위험 투자수익률 수준에 따라 달라질 수 있다.

목표 투자기간은 최대 약 5~7년 정도이나 수익률을 달성하는 경우 빠른 차익 시현을 하는 경우가 더 많다.

중수익을 목표로 하는 투자자로서 보험사, 은행, 증권사, 개인투자자 등으로 다양하게 구성된다.

밸류에디드(Value Added)

밸류에디드 투자는 배당수익과 향후 매각가치 상승을 동시에 추구하는 전략을 갖는다.

리모델링이 대표적인 사례가 될 수 있다. 구체적으로는 건물의 용도를 변경하거나 저층부를 리테일 시설로 전환하거나 대규모 시설 교체를 통해 임차인 변경을 하는 것 등이 해당될 수 있다. 일반적으로 이를 계획하고 실행하는 데 약 2~3년 정도 걸리는 경우가 많다. 따라서 리모델링 전·후의 안정화 및 매각 기간까지 포함하면 5년이 넘는 투자 회수 기간이 걸리는 경우가 많다.

차입비율은 통상적인 경우 약 60~70%[19]까지도 가정하지만, 리모델링 기간 중 이자를 감내할 수 있는 경우 이보다 높게 가져가는 것도 불가능한 방법은 아니다.

---

19) 우리나라 부동산 투자회사법 등에서 허용하는 최대 차입비율은 자기자본의 두 배인 약 66.7%다. 예외적으로 주주총회 특별결의를 거쳐 이보다 높게 자기자본의 10배까지 차입도 가능하다.

현금흐름의 변동성이 코어 투자에 비해 높기 때문에 목표 수익률도 같이 높아져서 IRR 기준 10% 중후반이 일반적이다.

오퍼튜니스틱(Opportunistic)

직역하면 기회주의적이라는 뜻이다. 부동산에서 이런 투자는 쉽게 말해서 개발사업[20]에 해당된다. 기존의 건물을 완전히 바꾸거나 신축해 안정화 시킨 후 빠른 기간 내 매각해 IRR을 높게 가져가는 것을 목표로 한다.

따라서 가장 짧은 보유기간과 높은 차입비율의 특징을 보인다. 일반적으로 개별 프로젝트는 5년 미만의 투자 기간을 기획하지만, 리스크 분산을 위해 대형 오퍼튜니스틱 펀드는 다수의 프로젝트를 진행하는 경우가 일반적이다. 이 경우 전체 펀드의 운영기간은 7년 정도로 기획된다.

관련 법령에서 허용하는 최대 대출비율을 가져가면서도 중순위 투자자(Mezzanine Equity, 줄여서 'Mezz Equity'라고 함) 등을 모집해 자기자본 투자를 가장 낮추어 IRR을 극대화한다.

배당수익은 거의 고려하지 않으며 대부분 매각차익에서 수익률을 시현하게 된다. 따라서 현금흐름의 변동성이 매우 높아 이를 감내할 수 있는 대형 투자자 중심의 블라인드 펀드

---

[20] 또는 개발사업만큼 변동성이 높은 물건 또는 국가에 투자하는 것도 해당될 수 있다.

(Blind Fund)[21]가 운영하는 경우가 많다. 또한 단일 투자처에 투자하는 경우에는 변동성이 높은 단점을 극복하기 어려워 다수의 프로젝트를 가져가는 형태가 많으며 이로 인해 대규모 자본이 필요하게 되고, 대규모 자본력을 갖춘 글로벌 대형 오퍼튜니스틱 펀드(Opportunistic Fund)가 높은 성과를 지속적으로 시현하는 주요 이유가 되기도 한다.

참고로 단일 개발프로젝트에 대해 개인투자자를 대상으로 한 상장리츠가 발생하는 것은 바람직스럽지 않다고 생각된다. 왜냐하면, 최소 2년 이상의 개발기간 동안 배당수익이 전혀 발생할 수 없으며, 준공 이후 운영 시 발생하는 배당수익도 과거의 실제 자료가 하나도 없는 예상에 불과하기 때문이다. 결국 변동성이 매우 높은 현금흐름이 나오게 되며, 운영 시 배당을 중심으로 안정적으로 상장되어 거래될 수 있는 리츠의 성격과 맞지 않을 가능성이 크게 된다.

개발위험을 충분히 인지하고 감내 가능한 대형 기관투자자만을 대상으로 자금모집을 하는 개발전문 펀드에서 다루는 것이 보다 맞는 투자자 구성이다.

---

21) 운용사의 재량을 통해 투자 실행을 할 수 있는 펀드를 말한다. 투자자는 운용사의 역량, 투자전략 등을 기초로 자금 운용을 운용사에게 일임한다.

앞의 부동산 투자 전략을 정리하면 다음과 같다.

[부동산 투자 전략]

구분	코어 (Core)	밸류에디드 (Value added)	오퍼튜니스틱 (Opportunistic)
Risk(변동성)	낮음.	중간	높음.
Return(IRR)	10% 미만 또는 초반	10% 중반 전후	최소 10% 중후반
보유기간	10년	5~7년	5년 미만
차입비율	0~50%	60~70%	70% 이상
투자대상	안정화된 오피스, 리테일	리모델링	개발사업
기타	배당수익 중심 시장상승에 추종	배당+매각차익 추구	매각차익 중심

2. 실전사례

 종로 2가 사거리에 위치한 종로타워가 있다. 1990년대 말 준공되었고 연면적 60,652m^2, 지상 33층 지하 6층의 건물이다. 위치는 서울 핵심지역 내에 있어 분명 코어 중 코어다. 하지만, 준공된 지 약 20년 가까이 되고 임차인 구성도 현 시점의 최고라고 부르기엔 약간 부족한 상태다. 따라서 전체적으로 코어플러스 자산으로 구분해볼 수 있다.
 그런데 2016년 초 이 건물에 대해 해외의 한 투자자가 투자했는데, 이 투자자의 자금은 요구수익률이 10% 중후반인 오퍼튜니스틱 성격을 갖는 것으로 알려져 있다.

그렇다면 코어에 가까운 자산을 어떻게 고수익을 추구하는 투자자가 매입할 수 있었던 것일까?

그 비법은 타인자본에 있다.

일단 다음 그림을 살펴보자. 좌측은 대출이 없는 경우의 투자 구조를 보여준다. 우측으로 갈수록 담보대출을 키우는데, 이 담보대출이 더이상 늘어나지 않으면 지분투자자를 선·후순위로 구분해 점차 타인자본 비율을 극대화한다. 이렇게 투자자의 순위를 구분하는 것을 트랜치(Tranche)를 나눈다고 한다.

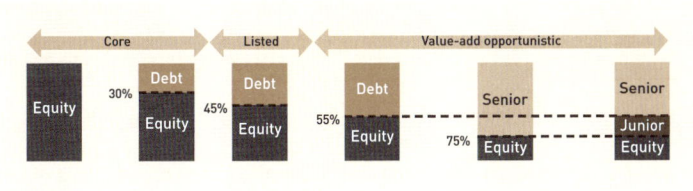

좀 더 타인자본의 성격을 자세히 알아보자.

대출은 매월 또는 분기별로 이자를 지급해야 한다. 그리고 매각 시에는 대출 원금을 우선적으로 상환 받는다.

지분투자자 중 선순위 지분투자자 또는 우선주투자자로 불리는 투자자는 자신의 투자금에 대한 배당금 성격으로 투자기간 중 이익을 얻는다. 이 배당금은 연 5% 이상 많게는 10%

내외까지의 고정된 배당수익률을 요청하는 경우가 많다. 또한 매각 시에는 일정 비율로 매각차익을 공유하는 조건이 붙기도 한다.

대출과 지분투자자 모두 타인자본으로 동일하지만, 이 둘의 가장 큰 차이점은 지분투자자에게 충분히 배당을 지급할 만큼의 이득이 생기지 않는 경우에 발생한다. 대출은 이 경우에도 반드시 이자를 지급해야 하지만, 지분투자자의 약정된 배당금은 배당을 지급할 수 없을 때 나중으로 미뤄질 수 있다. 즉, 못 받은 배당금을 누적적으로 쌓아두었다가 돈이 생길 때 우선적으로 배당하게끔 약정할 수 있는 것이다.

가장 드라마틱한 것은 매각할 때 발생한다. 타인자본 조달을 극대화한 투자자는 매각차익을 거의 혼자서 독차지하게 된다. 대출원금은 고정된 숫자이며, 선순위 지분투자자는 이익에 대해 일정부분까지만 나누어 가져가기 때문이다. 이렇게 타인자본을 조달한 투자자는 매입 시 자기자본 투자를 최소화해 수익을 극대화할 수 있다.

매각 이익이 발생하는 경우엔 모두가 행복해지겠지만, 매각손실이 발생하는 경우 상황은 급반전된다. 가장 후순위에 투자한 투자자는 자신의 투자 원금을 모두 잃어버리게 되고, 상황에 따라 선순위투자자의 자금도 차례차례 순서대로 시장의 가격위험에 노출되게 된다.

같은 프로젝트에 투자한 투자자라 하더라도 각자의 참여 방식에 따라 다음과 같이 기대 수익률과 리스크는 다르게 나타난다.

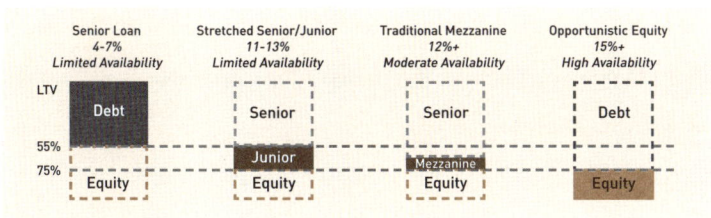

3. 부동산 가격과 매각차익

투자를 할 때 목표는 정확하다. 즉, 내가 산 가격보다 높게 파는 것이다.

주식 투자를 생각해보면 이해가 쉽다. 그러나 처음 의도한 바와 다르게 가격이 내려갈 때엔 그 주식을 매도한다. 이러한 투자의 내용을 가만히 살펴보면 매각차익에 집중되어 있기 때문이다. 주식을 사고 파는 가격 차이가 투자 수익을 가져다 주는 원천이다.

부동산도 크게 다르지는 않다. 매각차익을 얻는 것도 무척 중요하다.

10억 원에 산 부동산이 15억 원 되길 '기다렸다가' 팔면 그것이야 말로 모든 이야기를 잘 써 나갈 수 있는 원천이 된다. 15억 원이 되기까지의 '기다림'에 대한 이런 저런 이유를 잘 붙이기만 하면 된다.

하지만 부동산의 경우 시세차익을 얻기 위한 출발점에 대한 이해가 약간 다른 점이 있는데, 바로 '가격'과 '수익형 부동산'이라는 점이다.

부동산 가격은 어떻게 정해지는가?

주식 투자의 경우 워낙 거래 사례가 많고 거래 비용이 크지 않기 때문에 가격은 시세와 거의 일치한다. 따라서 내 주식의 가치는 시장에서 거래 중인 시세와 일치한다고 봐도 무방하다.

그러나 부동산의 경우엔 시세와 가격과는 큰 차이를 보인다. 결국 실제로 팔아 보기 전에는 가치에 대해서는 기대값일 뿐 실제 가격으로 정확히 연결되기 어렵다. 그렇다고 해서 내가 투자한 부동산 가치를 전혀 모르는 사람은 하나도 없다.

여기에선 그 동안 '감(感)'에 의존했던 가격이 어떻게 측정 가능한지 살펴보기로 한다.

부동산을 사고팔려면 주식 시장과 달리 오랜 기간이 걸린다. 부동산 중 가장 유동성이 높은 아파트의 경우에도 일반적으로 약 1개월이나 걸린다. 이는 주식 거래할 때 1초도 걸리지 않는 것과 비교한다면 엄청난 차이다. 또한 거래 사례도 상대적으로 매우 작으며, 부동산의 개별성으로 인해 정확히 동일한 상품이 거래되는 것도 아니다.

게다가 부동산을 거래할 때 높은 거래비용이 수반된다.
기본적으로 취득세와 중개수수료 등을 합치면 매매금액의 약 5%가 넘는다.
그러나 부동산을 대상으로 한 리츠는 주식 시장에 상장된 주식을 거래함으로 인해 유동성 제약 및 높은 거래비용을 대폭 낮출 수 있다. 한발 더 나아가 생각해보면, 이러한 부동산의 증권화를 통해 본질 가치에 영향을 미치는 변화가 생겼을 경우, '호가(呼價)' 아닌 실제 거래되는 주식 '가격'으로 거의 즉각 자산가치에 반영될 수 있게 된다.

가격(Price)은 시장에서 여러 매도자가 제시한 금액 중 최고가로 결정된다. 즉, 여러 가지가 나올 수가 없다.
반면 가치(Value)는 목적에 따라서 다른 값을 갖는다. 부동산 가치/가격 측정에 대해 상당히 많은 방법론[22]이 사용되고

---

22) 재무관리에서 사용하는 기업가치 평가모형을 응용하는 경우가 많다. 큰 그림에서는 미래 현금흐름을 할인해 가치를 산정한다고 이해해도 무방하다.

있으며, 여기에서는 개념만 간략히 요약해 설명한다.

매년마다 100억 원씩의 현금흐름[23]이 꾸준히 발생될 것으로 예상되는 자산이 있다고 가정하자.

그리고 매년 5%의 기대수익을 갖는 투자자가 이 자산에 투자를 한다고 할 때, 얼마에 투자하는 것[24]이 적절할까?

여기에 대한 답은 무한등비급수 수열의 합[25]을 이용해 계산할 수 있다. 그 산식은 다음과 같다.

$$100 / 5\% = 2{,}000$$

지나치게 단순화 한 것이 아닌가 싶을 정도이지만, 여기에서 보증금, 차입가정, 공실률 등을 하나하나 적용하게 되면 좀 더 정확한 값을 산정할 수 있다.

---

[23] 정확히 말을 하면, '배당수익'이다. 왜냐하면, 다음 투자자의 기대수익(Equity Yield)이 5%라고 가정하고 있기 때문이다.
[24] 투자자가 지불하려고 하는 금액이 자산을 보유한 자에게 실현 가능한 가치가 될 것이다.
[25] 고등학교 때 처음 배운 내용이긴 하지만 재무관리 과목 중 배당주식의 가치 산정모형(Dividend Discount Model) 및 실무에서도 그대로 적용되고 있다.

감정평가

부동산의 가치평가를 업(業)으로 하는 감정평가는 크게 공적(公的, Public)평가와 사적(私的, Private)평가로 구분할 수 있다. 공적평가는 공시지가, 토지수용가격 등을 결정하는 업무이고, 사적평가는 담보평가, 시가평가 등 기업 부동산 시장과 밀접한 연관이 있다.

감정평가업자[26]가 부동산 가치를 결정하는 방법은 크게 3가지를 사용하며, 각각 수익접근법(Income Approach), 비용접근법(Cost Approach), 비교사례접근법(Comparison Approach)이라 부른다. 일반적으로 이 세 가지 방법으로 만든 가격을 적정한 임의의 비율로 가중 평균한 값으로써 최종가치[27]를 결정한다.

동일한 부동산이라 하더라도 감정평가를 사용하는 용도에 따라 다른 가치가 매겨질 수 있다. 예를 들어, 매매가격을 검증 받고자 하는 경우엔 시세평가를 요청하고, 담보력을 평가 받고자 하는 경우엔 담보평가를 요청하게 된다.

매매금액은 시장에서 가장 높은 매수가격을 제안한 자가

---

26) '감정평가업자'는 이러한 감정평가를 주관하는 개인이나 법인이다.
27) 이를 '시산가치'라고 부른다.

매수인이 되는 시장결정원리에 따라 가격이 결정되기 때문에, 시세평가는 상대적으로 관대하게 가격이 매겨질 수 있다.

반면 담보평가 금액은 담보대출기관에서 경매 또는 공매 등을 통해 그 부동산을 환가(換價)하게 될 때 회수할 수 있는 금액이 되어야 하기 때문에, 비교적 엄격한 기준으로 평가금액을 정하게 된다. 금융기관에서는 해당 담보평가 금액에 대해 일정비율을 차감해 해당 건 부동산을 담보로 한 대출한도금액을 결정하게 된다.

감정평가에서 가장 중요하게 여겨지는 개념 중 하나가 '최유효이용' 또는 '최고최선의 이용'이다.

최유효이용이란 "객관적으로 보아 양식과 통상의 이용 능력을 보유하는 사람이 합리적이고, 합법적으로 최고최선이 되게 이용하는 것"을 말한다.[28]

최유효이용을 전제했을 때의 가치가 최고의 가치를 나타내는 것이고 결국 시장 매매가격과 이론적으로는 같게 나타나게 된다.

---

28) 최유효이용(Highest and Best Use)이란, 물리적으로 가능하고 재정적으로 실현 가능하며 적절한 지원이 이루어지는 재산의 합리적이고 합법적인 사용을 통해 최고의 가치를 창출하는 것을 의미한다.

매각차익을 만드는 세 가지 비법

　매각차익(Capital Gain)은 시세차익과는 다르다.

　시세차익은 단순히 시장의 매매가격이 올라서 그에 따라 얻게 되는 것이라면, 매각차익은 계획된 적극적인 자산운용의 대가로서 얻어지는 차익이다.

　적극적인 자산운용의 예로는 임차인 교체/용도 변경/리모델링/공실해소/임대료 증가 등이 있을 수 있으며, 결론적으로는 투자자 요구수익률을 보다 낮추는 결과를 가져오고 이는 매각가격의 상승을 가정할 수 있게 된다.

　즉, 아무것도 안 하고 얻어지는 수동적 이익(Passive Income)이라기보다 적극적 이익(Active Income)의 성격이 더 크다.

　아무런 자산운용을 하지 않고 있었음에도 자연적인 자산가격 상승을 가정하는 것은 시세변동에 따른 시세차익만을 가정한 것이고, 적극적인 자산운용을 통해 자산가격 상승을 가정한 것이라면 시장 평균 매매가 상승률보다도 높은 자산가격 상승률, 즉 매각차익을 고려할 수 있게 된다.

　실제로 부동산 투자자들이 어떻게 매각차익을 올리는지 그 방법을 살펴보자.

기대수익률의 하락

앞서 가격을 산정한 사례를 다시 살펴본다.

즉, 매년마다 100억 원씩의 현금흐름이 예상되며, 매년 5%의 기대수익을 갖는 투자자인 경우 이는 2,000억 원의 가치로 측정된다.

$$100 / 5.0\% = 2,000$$

만일 투자자의 요구수익률이 5%에서 2.5%로 내려간다면 어떻게 될까?

계산된 2,000억 원은 4,000억 원으로 두 배나 상승한다. 반대로, 요구수익률이 10%로 상승하게 된다면 2,000억 원은 1,000억 원으로 하락한다.

$$100 / 2.5\% = 4,000$$
$$100 / 10.0\% = 1,000$$

투자자의 요구수익률은 시장금리의 변동, 대안 투자처의 기대수익률 등에 민감하게 반응한다.

그렇지만, 더욱 크게 투자자의 요구수익률을 변화시키는 것은 투자자 자체가 바뀌는 것이다.

예를 들어, 오피스 개발 사업에 투자한 기대수익률 20%인 오퍼튜니스틱(Opportunistic)투자자가 있다고 가정하자. 이 투자자가 투자한 자산의 현금흐름을 살펴보면, 토지를 매입하고 건물을 신축하는 데 걸리는 수년 간의 기간 동안은 아무런 수입 없이 지출만 계속 발생한다. 이후, 오피스가 준공되고 이후 우량한 임차인이 임대차계약을 체결하고 공실률이 줄어들게 되면서 현금 흐름이 점차로 안정화된다. 현금흐름이 안정화되면 미래 현금흐름의 변동성도 작아지고 이로 인해 보다 낮은 요구수익률을 가진 투자자가 투자할 수 있는 자산이 된다. 보다 낮은 요구수익률을 갖고 있는 투자자에게 해당 자산을 매각할 때 매각차익을 얻게 된다. 왜냐하면, 보다 낮은 요구수익률을 갖는 투자자에게는 그 자산가치가 앞의 산식과 같이 높게 계산될 것이며, 이는 매도자에게 매각차익을 가져다 준다.

여기에서 중요하게 생각해야 할 것은, 자산 자체에서 발생할 것으로 예상되는 현금흐름은 변화가 없다는 점이다. 다시 말해, 현금흐름의 변화 없이 투자자만 바뀌었는데 그 자산 가격은 크게 움직이게 된다.

리츠는 코어(Core) 자산에 투자함으로써 안정적인 배당수익을 기대하는 상품이다. 따라서 시장에서 가장 낮은[29] 요구

---

[29] 자기 자본(Equity) 조달의 방법 중 주식 시장을 통한 방법이 효율성이 높아 가장 낮은 요구수익률을 갖게 된다.

수익률을 가질 수 있는 투자자이며, 동시에 그 자산에 대해 가장 높은 가격을 지불할 수 있는 부동산 참여자가 된다.

그리고, 리츠 투자자 입장에서 볼 때 높은 금액을 주고 산다고 반드시 불안해 할 필요는 없다.

리츠는 상장을 통해 투자자가 언제든 자신의 투자금액을 회수할 수 있는데, 이러한 유동성(Liquidity)이 있는 자산은 그렇지 않은 자산보다 높은 가치를 지니기 때문이다.

또한 개인 입장에선 우량 자산에 대해 소액으로 투자할 수 있는 기회조차 갖지 못하는 경우가 많으나, 이에 대한 투자 기회는 분명히 매력적이다. 도심 한복판의 빌딩에서 수익을 개인이 소액 투자로 직접 향유할 수 있는 기회는 오직 리츠만이 제공 가능하다.

부동산 생애주기의 활용

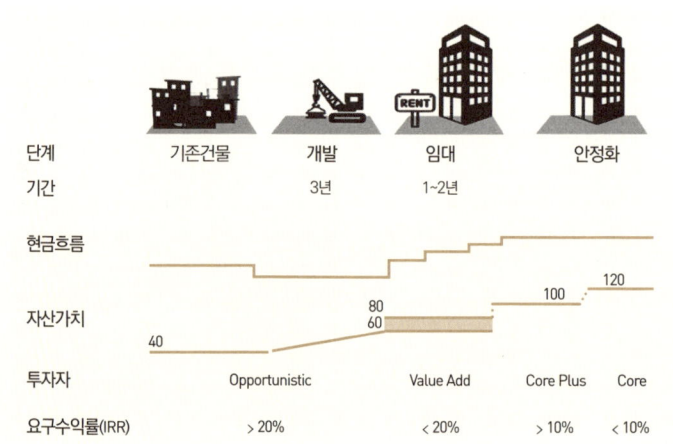

상업용 부동산의 생애 주기에 따라 투자 전략이 적용될 수 있다. 앞의 그림은 부동산 생애주기에 대한 이해를 돕고자 도식화 한 것이다.

처음에는 노후화된 기존 건물을 매입해 새로운 건물을 짓는다. 개발 기간 동안에는 인허가, 시공 위험 등 변동성이 매우 높다. 오퍼튜니스틱투자자는 높은 기대수익을 갖고 이러한 위험을 감내하고 투자한다. 준공 이후 안정화가 되어갈 즈음에 오퍼튜니스틱투자자는 자신이 투여한 금액 이상으로 매각을 시도하게 된다.

준공된 이후 건물의 성격에 따라서 매입자가 나타나는데, 공실이 많은 상태라면 코어투자자보다는 밸류에드투자자 또는 실수요자가 매입하는 경우가 많다. 이 새로운 매수자는 공실을 다 채운 후 다시 안정화 된 물건에만 투자하는 코어투자자에게 매각하는 것을 목표로 삼는다.

안정화된 이후 매입한 코어투자자는 이를 다시 리츠를 통해 자신의 투자금을 회수할 수 있는 기회를 얻기도 한다. 이는 모든 코어투자자에게 해당되는 것은 아니고, 시장에서 개인투자자가 투자할 만큼 안정화된 우량한 물건에만 적용될 것이다.

이렇게 각각 투자자의 손바뀜이 일어날 수 있는 것은 매수자의 요구수익률이 매도자의 요구수익률보다 낮기 때문에 가능한 일이다. 요구수익률이 낮은 투자자에게 매각된다는 것은 높은 매각가격을 시현할 수 있다는 의미이기 때문이다. 여기에서 중요하게 생각할 것은 부동산 자체 현금흐름의 변화가 없더라도, 투자자의 요구수익률 차이만으로 매각차익이 발생한다는 점이다.

좋은 수익형 부동산의 선택

'수익형 부동산'이라는 표현을 사용한다. 수익형 부동산이란 투자 기간 중 배당수익이 발생될 것으로 예상되는 부동산을 통칭한다.

예를 들면, 오피스텔을 매입하는 경우 월세가 나올 것으로 기대하기 때문에 수익형 부동산에 투자했다고 이야기한다. 반면, 향후 자산가치가 늘어날 것을 기대하고 토지를 매입한 경우엔 배당수익이 없으므로 수익형 부동산이 아니다.

아파트 투자를 수익형 부동산 투자로 분류하기 어려운 이유는 아파트 투자에서는 배당수익이 나오기 어렵기 때문이다. 아파트를 투자 목적으로 매입할 경우 기대하는 현금흐름은 투자 기간 중에는 0이었다가 매각할 때 수익 전체를 시현하게 된다.

아파트 월세도 최근 많아지고 있어 오피스텔만이 아닌 아파트도 수익형 부동산의 대상에 속할 수 있는 시대가 오고 있긴 하다. 하지만 이는 아파트 전체 물량에 대해 적용되기는 아직 요원해 보이는데, 그 이유는 아파트의 절대 금액이 커서 이를 월세로 전환했을 때 수백만 원을 감당할 만한 수요가 충분하지 못한 데 있다.

예를 들어, 고급 빌라의 경우에 매매가 수십억 원에 월세가 천만 원에 이르는 경우도 있으나 일반적인 개인을 대상으로 한 투자 상품으로써의 매력은 높지 않다.

수익형 부동산 투자가 매각차익만을 기대하는 투자보다 유리한 점이라면 미래에 대한 예측을 그만큼 덜 할 수 있게 되기 때문이다. 투자 시점에 이미 지난 수년 간의 임대수익 자료 또는 기존 임대차 계약 조건이 반영된 현금흐름을 추정할 수 있는 장점이 있다. 시현된 임대수익은 매각가격에만 의존하는 것보다 당연히 수익률 측면에서도 매각가격에 대해 부담을 그만큼 덜어 줄 수 있다.

기관투자자는 향후 예상 매각가격의 변동성을 배제하고자 매각차익을 고려하지 않고 단순히 투자 기간 중의 배당수익만을 고려한 평균배당수익률을 비교해, 부동산 투자 수익성을 검토하기도 한다.

최근 수익형 부동산이 투자처로서 각광을 받고 있는 것은 왜일까?

결론적으로, '자산의 규모'보다 '현금흐름'이 더욱 중요해졌기 때문이다. 예를 들어, 10억 원의 부동산을 갖고 있는 것과 매월 600만 원의 현금이 또박또박 들어오는 것과 어느 것이 더 좋아보이는지에 대한 선호가 달라지고 있는 점이다.

과거에는 10억 원의 부동산을 갖고 있는 것이 고작(!) 월 몇 백만 원의 현금을 주는 것보다 더욱 가치 있다고 여겨졌다. 고도성장기에는 10억 원의 부동산은 수년 뒤에 매년 받을 수 있는 이자보다도 높은 자산가치 상승이 당연하게 예상되었다. 그러나 저성장 시대에 접어들면서 미래 자산가치 상승은 기대하기 어려워졌으며, 10억 원의 자산을 굴린다 하여도 저금리 시대에서는 옛날보다 훨씬 작은 수준의 이자만을 가져오는 시대가 되었다. 즉, 저성장 저금리 시대에 살고 있는 지금은 현금흐름이 자산규모보다 더 중요하다고 모두 인식하기 때문에, 최근 수익형 부동산이 각광을 받고 있는 것이다. 주거시장에서도 전세는 차츰 사라지고 월세+보증금 형태로 바뀌고 있는 것도 바로 같은 이유다.

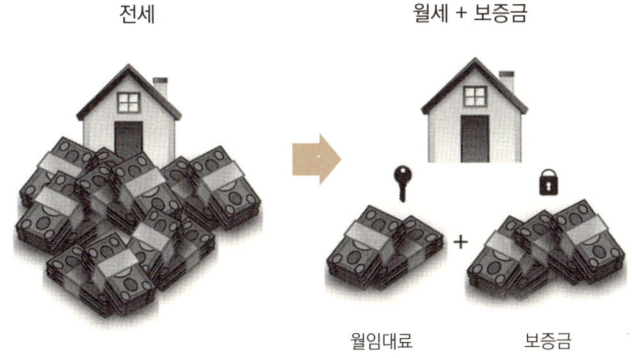

수익형 부동산의 좋고 나쁨은 어떻게 판별할 수 있을까?

예상되는 현금흐름의 질(質)이 좋은 경우 수익형 부동산의 가치는 증가할 것임이 당연하다. 현금흐름의 질은 규모, 기간, 신용도 등의 기준에 따라 판단 될 수 있다.

규모

소형 오피스텔 한 채로부터 나오는 임대료보다는 오피스텔 빌딩 한 채 전부로부터 나오는 규모성이 있는 것이 더 좋다.

수천 평짜리 오피스텔보다 만 평이 넘는 대형 오피스가 더욱 좋다. 또한, 만 평이 넘는 오피스 한 동보다도 이러한 오피스가 여러 채 있는 것이 더욱 좋다.

규모가 커지면 원래는 투자 금액이 커지기 때문에 제한이 생기기 마련이지만, 리츠의 경우 이를 수많은 주식으로 쪼개어 놓은 것이기 때문에 규모가 커짐에 대해 개인투자자가 우려할 필요는 없다.

물론 수조 원이 넘는 리츠 또는 펀드의 경우 규모성으로 인해 받는 여러 제약-수익성이 좋은 중소형 프로젝트보다는 초대형 프로젝트를 우선적으로 볼 수밖에 없는 등의 현상이 발생하기도 하지만, 이는 운용하는 전문 기관의 고민이고 개인투자자의 경우엔 이를 지나치게 염두에 두지 않아도 될 것으로 보인다.

기간

임대차기간이 길게 남아 있으면 남아 있을수록 좋다. 따라서, 수개월 이내에 종료되는 임대차계약보다 당연히 수년 단위의 임대차 계약이 더 선호된다.

또한 한명의 임차인보다 다수의 임차인으로 다수의 임대차기간으로 분산되어 있는 것이 더욱 좋다.

다양한 임차인이 서로 다른 임대차만기를 갖고 있을 때 이를 가중평균해 하나의 기간으로 산출하기도 하는데, 이를 웨일(WALE)[30]이라고 부른다. 그러나 동일한 웨일을 갖는 단일 임차인이라 하더라도 우량한 신용도를 갖춘 경우엔 그렇지 않은 경우와 다르게 고려해야 함은 당연할 것이다.

---

30) WALE(Weighted Average Lease Expiry) 가중평균임대차기간을 뜻하며, 국문으로 사용하는 경우보다는 영문 자체로 사용하는 경우가 대부분이다.

신용도

임차인은 신용도와 연관이 있다.

신용도가 있는 임차인은 그렇지 않은 임차인보다 낮은 임대료를 지불해도 임대인 입장에서는 받아들일 가능성이 높다.

국가 또는 지방자치단체가 어느 부동산을 임차해 임대료를 지불하는 것과 이름 모를 개인이 임대료를 지불하는 것 사이에는 같은 현금흐름이 예상된다 해도 그 자산가치는 당연히 다를 것이다. 당연히 신용도가 높은 임차인이 있는 부동산이 자산가치가 높다.

오피스의 경우 개인과는 비교할 수 없는 높은 신용도를 바탕으로 미래 현금흐름을 추정하게 된다. 따라서 같은 현금흐름 또는 수익률이 예상된다 하더라도 오피스텔보다는 오피스의 투자가 더욱 우수하다고 말할 수 있다.

예를 들어, 오피스텔 한 채를 투자할 때 기대하는 연간 배당수익률은 약 5% 전후다. 여기에서 수익률을 만들어 주는 것은 '개인', '한 명'으로부터 받을 것으로 예상하는 월세 수십만 원이다. 반면, 오피스의 경우 같은 5% 수익률이 예상된다고 하더라도 수십 개 '다수'의 '기업'으로부터 발생하는 임대료를 바탕으로 기대되는 수익을 의미한다.

앞의 내용을 종합해보면, 역시 일반 개인이 선택할 수 있는 최선의 투자는 도심 내 오피스 등의 안정화된 다수의 수익형 부동산을 자산으로 갖고 있는 리츠에 투자하는 것임을 알 수 있다.

    리츠는 로또와 같이 대박을 가져다 줄 수 있는 상품이 아니다. 또한, 아파트 청약처럼 계약금만을 넣어두었다가 분양권 전매를 통해 프리미엄만을 얻을 수 있는 것도 아니다.
    개인이 부동산을 투자한다고 했을 때, 기존에는 오피스텔/근린상가/전세를 끼고 투자하는 아파트/경매 정도가 그 대상이었다. 그러나 이제는 리츠를 통해 대형 우량 수익형 부동산 투자 상품에 대해 쉽게 접근 가능하게 된 것이다.

〈비하인드 스토리 – 종로타워〉
독특한 외형과 배치로 이목을 받고 있으며, 일본 만화가인 키무라아스카는 '로봇으로 변신할 건물'이라고 평가기도 했습니다.

종로타워는 본문에서 설명한 것과 같이 코어플러스 건물이 고수익을 추구하는 오퍼튜니스틱투자자에게 매각된 전형적인 사례입니다.

구분소유권 빌딩은 가격이 디스카운트 되는 것이 일반적입니다. 그런데 나머지 20%의 지분까지 추가 매입을 완료하고, 리모델링을 진행하는 등 적극적인 자산관리를 통해 향후 자산가치 상승을 도모하고 있습니다. [xix]

03

부동산을 보다 쉽게 투자하는 방법
간접투자

부동산 투자는 직접투자와 간접투자로 나뉜다.

쉽게 설명하면, 직접투자는 자신의 이름으로 직접 부동산을 사는 것을 말하고, 등기부등본에 자신의 이름이 직접 나온다.

반면 간접투자는 자신의 이름이 아닌 은행이름이 대신 나온다. 그 은행을 '수탁자'라 부르고 소유권을 맡아 관리하는 역할을 한다. 진짜 주인이 아님에도 수탁자가 주인행세를 하게끔 한 것이다. 간접투자는 상근 임직원이 없는 특수목적회사(SPC, Special Purpose Company)를 설립하고 이를 통해 다수의 투자자가 투자를 하게끔 만든 것이다. 이 특수목적회사가 단독적으로 부동산을 처분, 관리할 수 있다면 투자자 보호에 문제가 생길 수 있기에 이를 제3자에게 소유권 등을 위탁해 보관하도록 하고 있다.

그렇다면 왜 간접투자가 생기게 되었을까?

부동산 투자는 한 건당 투자 규모가 매우 크다. 일반적으로 수천억 원 이상이다. 워낙 규모가 크기 때문에 부동산 투자 시장에 직접 참여할 수 있는 사람은 여유자금이 많은 기관투자자 또는 대기업에 국한되기 마련이다.

그런데 부동산에서 발생되는 효익을 원래 돈이 많은 제한적인 참여자만으로 구성된다면 국가경제 전체로 보았을 때 바람직스럽지 못하다. 게다가 몇 명의 제한된 참여자들로 인해 형성되는 독과점적인 거래는 일반적으로 시장 메커니즘이 충분히 돌아가지 못하게 되기 마련이다.

거의 무한대에 가까운 투자자가 동등하게 접근할 수 있는 주식 시장은 정보가 즉시에 반영되는 효율적인 시장으로써 가격 형성 기능을 갖고 있다. 반면 참여자가 제한적인 시장에서 거래되는 가격은 그렇지 않은 경우보다 왜곡된 정보를 갖고 있을 경우가 크다.

이런 배경으로, 부동산의 효익을 다수의 투자자가 보다 효율적으로 누릴 수 있도록 만든 제도가 간접투자다.

부동산 간접투자기구는 크게 네 가지가 있다. 그 주요 특징을 비교해보면 다음 표와 같다.

[간접투자기구 비교표]

구분	PFV	ABS	REIT	REF
개발	○	X	○	△
운영	X	△	○	○
상장	X	X	○	△
투자자 분산	△	X	○	X
투자자 의사결정	○	X	○	X

PFV(Project Financing Vehicle)

프로젝트금융투자회사의 줄임말이다.

법인세법 제51조의2를 근간으로 개발목적의 간접투자기구다. 개발목적으로 설립된 특수목적회사이기 때문에 개발 행위가 없는 자산 매입, 운영은 제한된다. 개발 이후 3년 정도의 안정화 기간 동안 운영하는 정도까지를 한계로 보는 것이 일반적이다.

ABS(Asset Backed Securities)

자산유동화증권을 말한다. 자산유동화법에 의해 만들어지는 간접투자기구다.

투자자는 신용등급을 받은 자산유동화증권에 투자함으로써

부동산에 투자한 것과 유사한 현금흐름(배당) 수취를 기대한다. 다시 말하면, 투자자는 부동산에 대해 직접적인 의사결정을 하지 못한다. 리모델링, 주요 임대차조건 및 매각 등 자산 운용의 주요 내용에 대해 관여할 수 없다.

이런 두 가지 간접투자기구를 제외하고, 개인이 투자 가능한 것은 리츠(REIT)와 펀드(REF, Real Estate Fund), 두 가지이며 이를 집중적으로 살펴보기로 한다.

사실 개인투자자 입장에서는 이 두 가지를 구분하는 것이 의미가 크게 없을 수도 있다. 어느 간접투자기구를 이용하든지 상관없이 부동산을 근간으로 수익을 편하게 얻을 수 있도록 만들어 주는 것이 핵심일 수 있기 때문이다. 그러나 상품을 구성하는 입장에서는 그 특징을 이해하고 장점을 잘 살리는 것이 투자 상품성을 높이는 길이 될 것이다.

1. 리츠와 부동산 펀드의 바른 이해

부동산 간접투자기구[31] 중 리츠(REIT)와 부동산펀드(Real Estate Fund)[32]가 큰 축을 형성하고 있다. 공통적으로 이 두 가지 간접투자기구는 법인세 면제 등 세제혜택을 얻기 위한 지분투자[33] 방법으로써 기관 및 개인투자자의 참여가 가능하다.

이 둘을 간단히 요약하면 아래와 같다.

> 리츠는 안정화된 수익형 부동산을 자산으로 갖고 있는 회사를 상장한 간접투자기구를 말한다. 반면, 펀드는 유사한 투자전략[34]을 갖고 있는 복수의 기관투자자들의 자금을 모아서 부동산에 투자하는 폐쇄형 간접투자기구다.

개인투자자가 중심이 된 리츠와 유사하게 펀드 또한 공모 및 상장까지도 가능해진 현행 제도 아래에서는 개인투자자에

---

31) 여기에서 말하는 '간접투자기구'란 투자자가 직접 취득하는 '직접투자'와 대비되는 광의(廣義)의 간접투자기구를 뜻하기로 한다. 즉, 다수의 개인 또는 기관이 모여서 투자를 할 수 있도록 만든 특수목적회사(SPC, Special Purpose Company)를 말하며, 대표적으로 펀드/리츠/ABS/PFV가 있다. 참고로, 협의(俠義)의 '간접투자기구'를 살펴보면, 현행 '자본시장과 금융투자업에 관한 법률(줄여서 자본시장법)'에 따르면, 투자신탁/투자회사/투자유한회사/투자합자회사/투자조합/투자익명조합/사모전문투자회사를 말하고 이를 통칭해 '집합투자기구'라 하는데, 자본시장법이 2009년 2월에 적용되기 전의 관련 법인 '간접투자자산운용업법(줄여서 간투법)'에 따른 투자신탁및 투자회사를 '간접투자기구'라고 불렀다.
32) 여기에서 말하는 부동산 펀드는 자본시장법에 따른 투자신탁(기존 간투법상 부동산 투자신탁)을 의미한다. 시장에서 대부분의 펀드는 설립 및 운용 편의성 등으로 인해 신탁형으로 설정되고 있기 때문이다(2016년도 10월말 기준 회사형 32개, 신탁형 803개). 따라서 자본시장법에 따른 회사형 집합투자기구, 즉 투자회사의 경우엔 법인격이 있어 여기에서 설명-특히 투자자의 의사결정 참여 여부관련 내용은 다르게 적용될 수 있음을 염두에 두어야 한다.
33) 펀드의 경우 속칭 '대출형 펀드'로 대출해주는 기구로써도 활용되는 경우도 있지만, 리츠의 경우 모두 지분 투자를 위해 설정된다.
34) 유사한 리스크/수익 성향(Risk/Return Profile)을 지닌 자금을 말한다. 예를 들어, 개발 사업 등에 7년의 기간 동안 투자해 10% 후반 수익을 목표로 하는 투자전략(Opportunistic Investment)이 될 수 있겠다.

게 펀드와 리츠의 차이는 크지 않다고 볼 수도 있다. 그렇지만 개인투자자는 자신의 투자금이 어느 정도 변동성에 노출되어 있는지에 대해 인식하고 있어야 한다. 따라서 리츠가 개발사업에 투자하는 것은 변동성이 매우 높은 투자처에 개인투자금을 운용하는 것으로 적절한 것인지, 고민할 필요가 분명히 있다.

리츠와 펀드의 개별 장점이 분명히 다름에도 불구하고, 이와 반대로 혼용되고 있어 리츠와 펀드 둘 간의 차이점을 중심으로 보다 자세히 살펴보기로 한다.

그런데 오해가 없어야 할 것이, 혼용되어 사용된다는 것이 법에 어긋난다는 뜻은 아니다. 각자 원래 가진 장점을 살리기보다 손쉽게만 투자기구를 이용하는 데 급급한 실정을 지적하는 것이다. 즉, '비상장' 리츠 또는 '공모 상장' 펀드와 같이 원래의 특징을 살리지 못하고 오히려 반대의 역할에 더 관심을 쏟는 현상을 지적하고 싶은 것이다. 부동산 간접투자 시장에서도 이에 대한 인식 전환이 필요하다고 생각된다.

투자대상

리츠는 변동성이 낮은 현금흐름을 갖고 있는 오피스 또는 대형 리테일을 투자 대상으로 한다.

개발을 하거나 또는 공실이 높은 상태의 부동산에 투자하는 것은 변동성(리스크)이 높아 개인이 투자하는 리츠의 성격상 맞지 않는다.

운영기간 중 리스크를 낮게 가져가기 위해, 시장이자율 등 외부시장 변화에 따른 수익률 변화가 크지 않도록 운영함이 일반적이다. 이는 코어 또는 코어플러스(Core/Core+) 투자전략과 맞는다. 예를 들어, 약 40~60% 또는 이보다 낮은 대출비율(LTV, Loan To Value)을 유지하거나, 고정금리를 적절히 활용하는 등 다양한 운영전략을 구사한다.

반면, 펀드는 일반적으로 고수익을 추구하며 이에 따라 밸류에디드 또는 오퍼튜니스틱(Value Added/Opportunistic) 투자전략을 갖고 있다.

즉, 투자 대상이 리모델링 또는 재개발 등의 개발행위를 수반하면서도 대출비율도 높게 가져간다. 이로 인해, 높은 리스크를 컨트롤할 수 있는 운용사의 역할이 역시 중요하고, 이를 잘 이해면서도 중장기적인 투자를 할 수 있는 전문 투자자가 주요 자금의 원천이 된다. 쉽게 말해서, 투자한 이후 환매가 불가능하다. 예를 들어, 개발 사업 중간에 투자 자금을 회수해야 한다면 그 사업은 제대로 진행할 수 없을 것이다. 결국, 이것은 상장을 통한 개인자금 조달도 어렵다는 뜻이다.

[영속형 간접투자기구투자]

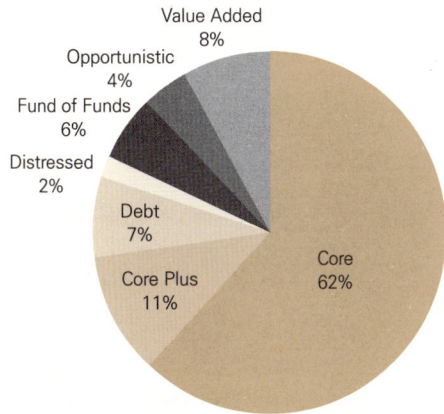

[폐쇄형 간접투자기구투자]xx)

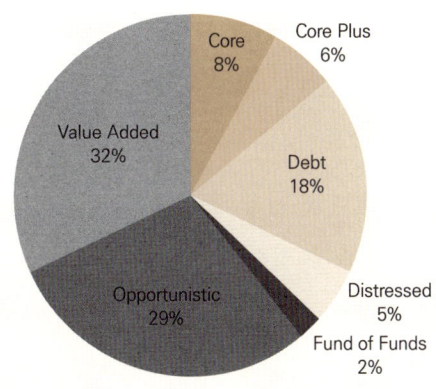

앞의 조사 결과에서도 보여지듯이, 만기가 정해져 있는 폐쇄형(Closed-Ended) 간접투자기구, 즉 사모 펀드(Private Fund)는 높은 변동성 및 수익성이 예상되는 투자 전략이 필요한 밸류에디드(Value-Added) 및 오퍼튜니스틱(Opportunistic) 자산에 주로 투자하는 반면, 만기가 없는 영속형(Open-Ended) 간접투자기구, 즉 상장리츠는 안정화된 자산에 투자하는 전략이 필요한 코어(Core) 또는 코어플러스(Core plus) 자산에 주로 투자하는 것임을 할 수 있다.

의사결정

투자자의 의사결정 구조에서는 명확한 차이를 보이게 되는데, 쉽게 말해 투자자가 투자 이후 주요 의사결정에 직접 참여할 수 있는지 여부가 가장 크다.

즉, 자신이 투자한 자금에 대해 운용사가 마음대로 운용을 할 수 있는 것이 펀드다. 반면 리츠는 투자자의 의사결정 비율, 즉 투자한 주식비율만큼 주요의사결정에 주주총회를 통해 직접적으로 의사결정을 할 수 있다.

리츠의 경우엔 기본적으로 '회사'이기 때문에, 이사회/주주총회 등 주식회사가 갖는 의사결정 방법을 따르게 된다. 따라서, 투자자[35]는 이사회에서 이사로서 회사(리츠)의 운영 내용

---

35) 모든 투자자가 '이사회'의 '이사'가 되는 것은 아니다.

을 깊이 있게 직접 이해하고 집행할 수 있는 권한을 부여받을 수 있으며, 모든 투자자는 정관에 따라 주주로서 의결권을 가지고 자산 매각 등 주요 의사 결정에 직접 참여할 수 있다.

반면 펀드는 기본적으로 펀드 운용회사[36]가 자산운용과 관련된 모든 의사 결정 권한을 갖는다. 오히려 투자자는 의사결정에 관여하게 되는 것이 엄격히 금지되어 있다. 이로 인해 실제 투자자와 운용회사 사이의 이해상충 가능성이 항상 존재한다.[37]

예를 들어, 펀드의 만기가 남아 있지만 시장 상황이 좋아져서 만기 이전에 조기 매각을 통해 투자자에게 더 높은 수익률을 보여줄 수 있다고 가정해보자. 펀드 운용회사 입장에서는 조기 매각에 따라 자신이 운용하는 펀드가 없어지게 되어 받을 수 있는 운용보수를 포기하는 결과가 되어 조기 매각을 선호할 이유가 크지 않다.

문제는 이 경우 펀드 투자자는 조기매각에 대해 운용회사를 강제할 방법이 없다는 점이다. 물론 펀드 수익자의 의견을 아

---

36) '○○자산운용'이란 회사이름을 갖고 있으며, 정확한 정보는 '자산운용협회' 홈페이지(www.amak.or.kr)에서 찾을 수 있다.
37) 이는 부동산 펀드에만 국한되는 문제가 아니라 펀드 상품 전체에 해당되는 일반적인 사항이다.

주 반영할 수 없는 것은 아니다. '수익자총회'를 통해 간접적으로 펀드 운영에 대해 의견을 낼 수 있고, 심지어는 운용회사의 교체까지도 요청할 수도 있지만 현실적으로 이를 실행하기는 매우 어렵다.

앞에서 설명한 리츠와 펀드의 주요 차이를 비교하면 다음 표와 같다.

[리츠와 펀드 비교]

구분	리츠(REIT)	펀드(REF)
투자기간	영속형	폐쇄형
투자자	기관투자자 + 개인	기관투자자
투자전략	코어/코어플러스	밸류에디드/오퍼튜니스틱
의사결정	주주	수익자
유동성	O	X
절세효과	O	O
투명성	높음	낮음

유동성

투자에 있어 유동성이란 투자 이후 내 투자금을 임의로 회수 가능한지 여부를 의미한다. 예를 들어, 주식 투자는 증시를 통해 투자금을 현금으로 회수 가능하다. 이를 유동성이 있다고 표현한다.

리츠는 주식과 동일하게 상장되어 있기 때문에 유동성이 있다. 펀드의 경우도 재간접으로 상장해 유동성을 공급하는 경우도 있으나, 이는 예외적인 경우이며 일반적으로 상장하지 않는다. 중요한 것은 증시에 상장되어도 충분한 거래량이 없는 경우 유동성 공급이라는 목적을 달성할 수 없다. 충분한 매수 매도자가 나오지 않으면 가격 형성은 일정하지 않게 되어 내가 원하는 시점과 가격에 매각하기 어려워지게 되기 때문이다. 따라서 리츠라 하더라도 충분한 상장 물량을 갖고 있는 것이 중요하다.

이를 위해 증권거래소 상장규정에 따라 최소 매출액 조건이 있다.

> (1) 매출액이 300억 원 이상일 것(개발형)
> (2) 매출액이 100억 원 이상일 것. 다만, 위탁관리부동산 투자회사인 경우 매출액이 70억 원 이상일 것(비개발형)
> (3) 매출액이 200억 원 이상일 것(기업형 임대사업자-개발형)
> * 여기서 매출액은 최근 사업연도의 매출액을 의미한다.

이 기준을 만족시킨다 하더라도 거래량이 충분하지 않은 경우엔 시가 형성이 어렵다. 증시에서 코스닥의 작은 종목이 거래가 잘 안 이루어지고 코스피의 대형 종목이 거래가 쉬운 것과 동일하다. 같은 배당 수익률이 예상된다 하더라도 유동성이 충분히 있는 큰 리츠와 그렇지 않은 리츠는 분명히 다른 가치를 지닌다.

우량 자산을 대상으로 한 대형 상장리츠의 등장이 매우 절실하다.

2. 리츠와 펀드 현황

다음 표와 같이 리츠부터 시작된 부동산 간접투자 시장은 2000년도 중반 펀드의 폭발적 성장을 통해 대체투자의 큰 축으로 자리매김하고 있다.

[리츠, 펀드 순자산 추이]

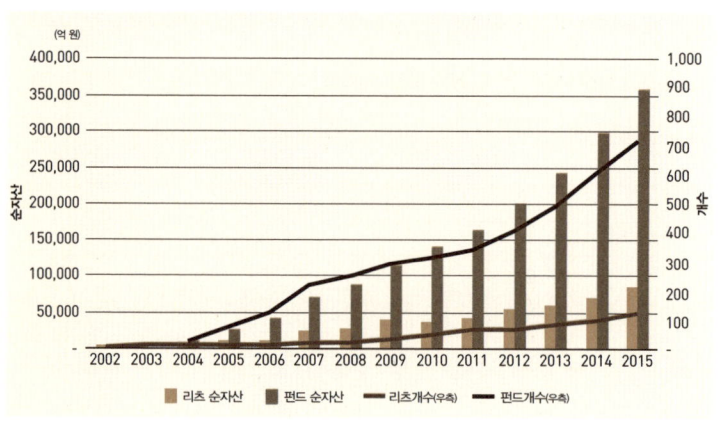

그러나 좀 더 자세히 살펴보면 리츠와 펀드의 고유 장점을 살리지 못한 채 양적 성장만 해오고 있음을 알 수 있다.

[리츠, 펀드 규모 및 공모 비율] 38)

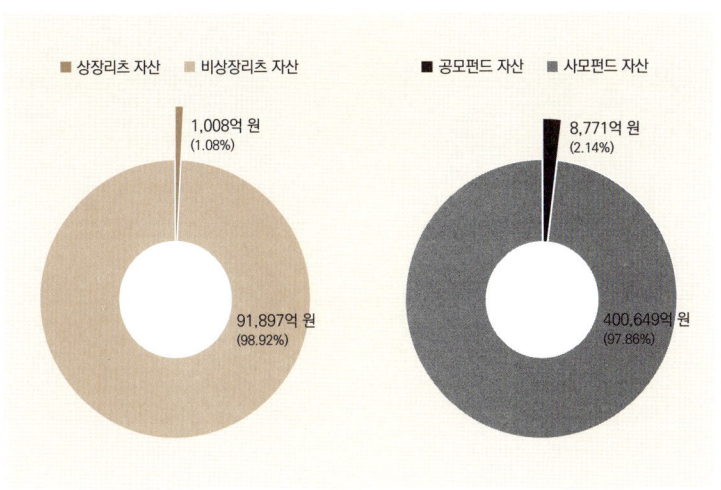

2016년 2분기 기준 리츠의 총자산에서 공모리츠가 차지하는 비율은 고작 1% 수준인 것으로 나타나고 있다. 펀드의 경우는 숫자만 보면 두배 수준인 2.14%가 공모펀드로 설정되었다. 펀드 전체 크기가 리츠의 약 4배에 이르는 것을 감안하면 공모리츠가 매우 작은 수준이라는 것이 재차 확인된다.

---

38) 리츠(2016. 2Q 총자산 기준/펀드) 2016. 2Q 순자산총액 기준

문제는 리츠가 공모시장에 강점을 보여야 함에도 비상장리츠가 99%에 이른다는 점이다.

반면 펀드의 경우엔 고위험 고수익, 저위험 저수익과 같은 각기 다른 리스크/수익 성향(Risk/Return Profile)을 갖고 있는 다양한 상품을 갖추어 이를 기관투자자 중심으로 폐쇄적인 운용을 하는 것이 강점인데, 오히려 리츠보다도 크게 앞서서 개인투자자 자금을 끌어 모으고 있는 점이 매우 특이하다.

3. 우리나라 리츠가 발달되지 못한 이유

우리나라는 리츠제도를 2001년에 비교적 일찍 도입했다.

이는 리츠 선진국이라 부를 수 있는 일본의 2000년, 싱가포르 2002년, 홍콩 2003년과 비교했을 때에도 전혀 늦지 않다. 국내 리츠 관계 법령(부동산 투자회사법)이 만들어진 때는 2001년도다. 이는 2016년 현재 전 세계 37개 국가의 리츠 중 13번째에 해당된다.[39]

---

39) 별첨 3 각국의 리츠 도입시기 참고

[국가별 시가총액 대비 리츠의 규모]

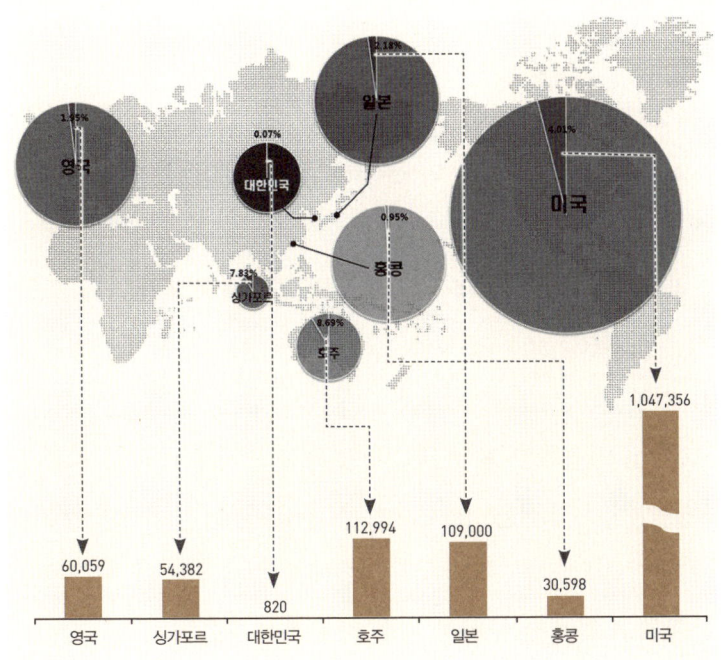

    그런데 상장리츠는 2016년도 말 기준 4개에 불과하며 그 규모도 매우 작다.

    이는 우리나라 경제규모 또는 리츠 시장의 근간이 되는 주식 시장의 발달과 연계해서 생각해봐도 유독 드러나는 기현상이 아닐 수 없다.

    그 이유에 대해 수많은 의견이 있을 수 있겠으나, 결론적으로 다른 리츠 선진국과는 달리 리츠를 키울 만한 부동산 시장의 주체가 없었으며, 제도 또한 이를 간과해 제정된 연유가

101

크다 하겠다. 이 내용에 대해 항목을 몇 개로 나누어 설명하기로 한다.

부동산 투자 주체의 미성숙

이를 설명하기 전에 리츠가 발생되는 과정을 먼저 살펴볼 필요가 있다.

리츠는 기존 투자자가 보다 낮은 요구수익률을 갖고 있는 자본 시장(Capital Market), 즉 증권 시장을 통해 자신의 자본을 일부 엑시트(Exit)해 자본이득을 취하는 창구다.

즉, 개발단계 또는 공실률이 높은 단계에서 대규모 지분 투자자가 고수익(High Risk & High Return)을 기대하며 투자했다가 이를 안정화시킨 이후 리츠에게 높은 금액에 매각해 시세차익을 확보하는 것이 매우 일반적인 흐름이다.

여기에서 리츠는 왜 높은 금액에 자산을 매입하는 것일까? 비싸게 주고 사는 것은 아닐까에 대한 질문이 가능하다.

답은 그렇지 않을 가능성이 크다고 볼 수 있다. 현금흐름이 안정화된 자산은 그렇지 않은 자산보다 높은 가격에 매매되는 것이 당연한 것이고, 이것을 리츠가 매입하는 것뿐이다. 리츠가 아니어도 안정화된 자산을 매입하려는 국내외 대형 연기금 수요도 무척 많다.

오히려 리츠를 통해 개인들이 우량 부동산을 투자할 수 있는 기회가 제공되는 점을 높게 평가할 필요가 있다.

2000년도 전후에 해당되는 유사한 시기에 리츠가 개시된 다른 주요 국가-싱가포르, 일본 등이 빠른 성장을 보일 수 있던 이유가 그들은 그 전부터 부동산 투자 및 운영에 대한 주요 참여자(Key Player)가 부동산 시장에 이미 존재하고 있었기 때문이다. 즉, 부동산만을 전문으로 투자하는 펀드 또는 대형 기관이 이미 존재하고 있었으며, 이를 위한 운영회사까지 '부동산 시장' 참여자로 활동하고 있었다.

예를 들어, 싱가포르의 Ascendas는 2001년 JTC International's Business Parks와 Facilities Group 그리고 Arcasia Land의 합병을 통해 설립되었다. 참고로 JTC 그룹은 1968년 설립된 싱가포르의 산업시설 개발 및 관리를 전문으로 하는 부동산 기업으로 Ascendas 리츠 설립 편입되었던 주요 자산인 JTC International Business Park를 관리했다.

일본 부동산 주요 참여자 중 하나인 모리 부동산 회사의 경우도 1955년부터 일본의 오피스 빌딩 임대차 관리를 해 왔었다.

홍콩의 청쿵그룹은 1971년 설립되어 홍콩에서 가장 큰 부동산 개발 회사로 성장했다. 현재 홍콩의 Fortune REIT, Prosperity REIT 그리고 Hui Xian REIT 등의 지분을 가지고 있다.

우리나라의 경우 1990년도 중반에 몰아친 부동산 광풍에 힘입은 대출형 PF(Project Financing) 시장만 발달하고 있었는데, 이를 통한 자본과 경험을 축적한 부동산 전문 투자 및 운영 회사가 나타나는 데까지 이르지는 못했다. 이는 부동산 참여 주체가 자본 및 경험을 갖춘 전문 회사가 아닌 매우 영세한 시행사 위주의 단발성 개발이 주를 이루었기 때문이다. 이렇게 된 데에는 인허가 및 토지 소유권 확보를 위해 대형 기관이 처음부터 토지 매입을 위해 움직이게 되는 경우 토지가격 앙등에 따른 수익성 악화를 방지하고자 또는 이러한 불확실성만을 관리하기 위해서 작은 바지 회사(시행사)를 앞세워 진행하는 것이 수월하다는 통념이 작용하고 있었다.

물론 자본력과 경험을 두루 갖춘 (주)대우와 같은 대형 회사가 시행을 주도적으로 진행하던 사례도 있다. 하지만 '97년도 IMF 외환위기를 통해 그 여력이 거의 소진되어 버렸던 데다가, 관계법령이 만들어지기 시작한 2000년도 초에는 새로운 부동산 투자 및 운영의 패러다임을 열기엔 자신의 본업을 수성하기에도 어려웠으며, 부동산 시장에서도 그 이해와 수요 또한 부족했다.

초창기 리츠 시장에서는 우리나라의 부동산 투자 주체가 발달하지 못한 개별적 특징이 있었음에도, 리츠 관계법령에서는 1인당 소유 지분 한도를 지나치게 묶어 두어 처음부터 리츠를 주도적으로 끌고갈 만한 주체가 나타날 수 없는 환경이 되어버렸다.

2016년 말 현재 1인 주식 소유한도가 40%이며, 2013년도까지는 30%였다. 이후 민홍철 의원 등이 발의한 개정법률안에 따르면 2017년 하반기부터 이를 50%까지 확대할 수 있게 되었다. 이는 리츠 상장 전 앵커투자자가 리츠에 투자할 수 있는 그나마의 유인책이 될 수 있을 것으로 보인다.

리츠를 공모 활성화시키기 위한 보다 확실한 방법은 지분비율 제한을 대폭 완화하고 대신 일정기간 이후 공모상장을 의무화 하는 것이 될 수 있다.

보험사 중심의 초기 리츠 시장

다시 리츠 관련 법령이 처음 생긴 2000년도 초중반으로 돌아와보자.

당시 투자자들의 대략적인 구성을 보면, 대형 금융기관의 직접투자, 고수익을 추구하는 해외 오퍼튜니스틱 펀드(Opportunistic Fund), 국내 운용사[40]의 삼파전이었다. 국내 운용사들은 다시 그 지분투자자를 대형 기관들을 중심으로 모집했는데, 주로 생명보험 및 손해보험사 그리고 일부 은행이었다.

---

[40] 이때엔 리츠 운용사가 주도하던 시절이었다. 펀드가 시장에 주도적인 세력으로 등장한 것은 관련 법령이 정리된 2000년도 중반 이후부터다.

이 기관투자자들은 리츠 지분 투자 기회가 있기 전에는 기업금융을 맡고 있었으며 대출 중심의 자산운용을 해왔었다. 따라서, 국내 오피스 지분 투자기회에 대해 시장을 읽었다기 보다는 오히려 대출을 하기 위해 일부 금액을 떼내어 지분투자를 실행했다.[41)]

지분 투자금액 대비 얼마의 최저 이자율을 받을 수 있을 것이라는 관점에서 지분 투자를 바라본 것이다.

참고로 이러한 접근은 투자 관점에서 상당히 비판받을 수 있다고 생각된다.

즉, 대출과 지분을 나누는 것은 서로 다른 현금흐름의 변동성을 갖게끔 나누어 놓고, 그 적절한 리스크-수익 성향(Risk & Return Profile)에 맞는 투자자가 투자할 수 있도록 만든 것인데, 지분과 대출 모두에 투자를 한다는 것은 그 기관투자자 입장에서는 자산 전체에 투자하는 것과 현금흐름의 변동성(Risk)에 있어서 차이를 갖고 있다고 보기 어렵다.

또한 이자율을 포함한 대출 조건의 결정에 있어서도 자신이 차주(借主, Borrower)인 셈이 되어 가장 경쟁력 있는 결정을 내릴 수 없게 된다.

즉, 자신이 보다 높은 대출이자 수익을 가져갈 수 있는 적절

---

41) 쉽게 예를 들면, 대출 300억 원을 하기 위해 지분투자 50억 원을 같이 승인받는 것을 말한다.

한 선에서 타협해 결정하게 되는 것이다. 이보다 한 단계 더 나아가 투자한 이후에 대출이 채무불이행(Event of Default, EOD) 조건에 놓이게 될 때에도 이해상충 문제에 봉착하게 될 가능성이 매우 높다. 이는 문제 해결에 도움이 되기보다는 지연하게 될 가능성이 더 높게 되는 근본적인 원인이 되기 마련이다.

이렇게 리츠의 지분투자자의 대다수가 지분 및 대출을 동시에 참여하는 보험사 중심의 기관투자자 위주로 구성되다 보니 이후 국내 부동산 투자 시장에는 글로벌 투자 시장과 다른 몇 가지 특징이 발생되게 되었다.

하나는 투자의사결정이 기관별로 단일 자산에 대한 프로젝트에 대해 매번 개별적으로 있게 된 것이고 또 다른 하나는 투자 만기가 정해지게 된 것[42]이다. 이 두 가지는 리츠가 갖고 있는 고유특성 및 장점과 상당히 거리가 있으며, 오히려 펀드 투자의 특징과 더욱 가깝다. 이러한 특징은 리츠 활성화가 저해되는 단초를 제공했다.

---

42) 물론 초창기 리츠에서도 영속형을 시도하고자 이를 투자설명서 등에 포함을 했었으며, 만기가 도래할 때 추가 투자 또는 상장 등에 대해 협의를 했었으나, 기관투자자의 특성상 처음 투자할 때 기획했던 내용에만 따르게 되어 매각을 하고 리츠를 청산하게 된 점은 무척 아쉽다고 할 수 있다. 돌이켜 보면, 이때 개인투자자들에게 공모 상장을 진행했었으면 우리나라도 다른 나라들과 같이 리츠 상품이 제대로 자리 매김했을 것이라고 생각된다.

즉, 리츠는 안정화된 투자수익를 투자자에게 돌려주는 간접투자기구로써 상장 영속형이면서도 자신의 투자 전략에 따라 당연히 신규자산을 추가 편입해 성장을 가져가는 것이 그 특징이고 장점임에도 불구하고, 이를 갖추지 못한 리츠로서 출발하게 된 것이다.

어떻게 보면, 국내 시장에서 리츠보다도 펀드 시장이 더욱 크게 발전하게 된 것은 그 기관투자자의 수요와 특징에 따라 이뤄진 것이며, 한편으로는 여전히 기관투자자 중심의 지분투자 수요만을 갖고 있다는 현상을 단적으로 보여주고 있는 것이기도 하다. 향후 새로운 기회는 역설적으로 개인투자자를 대상으로 한 리츠에게 크게 있다고 볼 수 있다.

기관투자자의 비선호

리츠는 상장주식이다. 매 6개월마다 높은 배당이 예상되니 얼핏 보면 배당주 같아 보인다. 리츠는 기관투자자의 주식팀 또는 대체투자팀에게 모두 까다롭다. 리츠는 부동산을 근간으로 하기 때문에 대체투자팀이 담당하는 경우가 많지만 문제는 그들이 상장 주식에 익숙하지 않다는 점이다.[43]

---

43) 오히려 기관투자자의 대체투자팀에서는 개별 부동산 거래 대비 리츠 투자 시 가격이 비싸다는 의견이 나올 가능성이 높다. 왜냐하면, 기관 요구수익률이 일반적으로 개인 투자자의 요구수익률보다 높고, 요구수익률이 높은 경우 가격은 더 낮게 평가되기 때문이다.

또한 대체투자팀 입장에서도 개인들과 같이 투자하는 상장리츠가 그리 달갑지 않을 수 있다.

왜냐하면, 상장리츠의 경우 신규 자산을 매입할 때 리츠의 운용사가 주도하는 블라인드(Blind) 성격을 띠는 경우가 일반적이다.[44] 그러지만, 기관투자자의 투자 담당자의 경우엔 자신이 개별 프로젝트를 검토하는 것이 경험을 쌓고 향후 좋은 기관으로 이직하는 데 보다 도움이 되는 경우가 많기 때문에 굳이 상장리츠를 선호할 이유가 크게 없기 때문이다.

앞에서 열거한 이유를 포함해, 리츠 초창기에는 기관투자자의 주식, 채권팀에서는 아직 리츠가 주요 투자 대상(Coverage)이 아니며, 대체투자팀에서는 다소 생소한 상장주식이라서 투자 관리에 어려움이 따를 것으로 보인다.

그렇지만 상장리츠에 대해 주식팀에서는 배당주로써 투자 검토를 하고, 대체투자팀에서는 순자산가치보다 리츠 주식이 더 낮게 거래될 경우[45] 시장에서 개별 자산을 투자하는 것보다 싸게 살 수 있는 기회로 인식한다면 보다 쉽게 투자의사결정에 한발 다가설 수 있을 것으로 예상된다.

---

[44] 물론 신규 투자와 같이 중요한 의사결정을 할 때엔 리츠 정관에 따라 이사회 또는 주주총회를 거치는 것이 일반적이다.
[45] 실제 상장리츠는 순자산가치(NAV, Net Asset Value)보다 낮은 주가를 보이는 경우도 많다. 이는 미래 성장성이 크지 않을 것으로 예상되는 경우에 보다 두드러지는 현상으로 보인다.

4. 리츠와 펀드가 나아갈 길

2016년 현재 펀드와 리츠는 거의 대부분 비상장으로 운영되고 있다.[46] 펀드는 원래 소수의 기관투자자를 중심으로 특정 목적을 갖고 설정되기 때문에 비상장인 것이 어찌보면 당연하다. 유동성을 공급해야 할 일이 없기 때문이다.

펀드는 운용사가 자율권을 갖고 고수익을 추구하는 투자처를 발굴해 투자하는 전략을 실행하는 것이 고유 특징이자 강점으로 볼 수 있으나, 실상은 단일 자산을 대상으로 기관이 투자의사결정을 내려 1물 1펀드를 설정하는 경우가 대부분이다.

그러나 리츠의 경우엔 상당히 다르다.

일단 리츠는 공실이 거의 없이 운영되는 대형 오피스와 리테일과 같이 우량한 자산을 대상으로 기관투자자와 개인투자자가 섞여 있어야 한다. 기관투자자와 달리 개인투자자는 중도 환매가 어려운 상품에 큰 금액을 투자하기 어렵기 때문에 유동성 공급이 매우 필요하다. 펀드의 경우엔 중도환매가 안되는 상품이라 하더라도 증시에 재간접 형태로 상장해 상호 거래가 가능하도록 하고 있는 경우가 많다.

---

46) 2016. 6월 말 기준 펀드 766개, 389,283억 원/리츠 156개, 101,555억 원
이 중 상장 펀드 17개 9,373억 원/상장리츠 3개 1,339억 원

이런 내용으로 인해 리츠 설립 시 개인투자자의 최소비율[47]과 상장의무조항[48]을 두고 있다.

그러나 실제로는 연기금이 투자할 경우 개인투자비율과 상장의무가 면제됨[49]으로 인해 거의 모든 리츠가 펀드와 유사하게 비상장으로 설정되고 있는 것이 현실이다. 다시 말해 비상장리츠는 펀드이지 진정한 리츠라고 보기 어렵다.

리츠는 원래 공모 상장을 근간으로 한 법체계로 인해 펀드보다 설립은 물론 운영에도 더 많은 품이 들어가는 게 당연하다. 이를 두고 리츠가 펀드보다 운영이 어렵다고 하는 것은 본말이 전도된 것이라 생각된다. 공모 상장을 고려한다면 필수적인 것이라고 여기는 것이 맞다고 보인다.

---

47) 부동산 투자회사법 제14조의8(주식의 공모) 제2항에 의하면 부동산 투자회사는 영업인가를 받거나 등록을 한 날(제12조 제1항 제4호의2에 따른 투자비율이 100분의 30을 초과하는 부동산 투자회사의 경우에는 그가 투자하는 부동산 개발사업에 관해 관계 법령에 따른 시행에 대한 인가·허가 등이 있은 날을 말한다. 이하 이 조에서 같다)부터 2년 이내에 발행하는 주식 총수의 100분의 30 이상을 일반의 청약에 제공해야 한다.
48) 부동산 투자회사법 제20조(주식의 상장 등) ① 부동산 투자회사는 「자본시장과 금융투자업에 관한 법률」 제390조 제1항에 따른 상장규정의 상장 요건을 갖추게 된 때에는 지체 없이 같은 법 제8조의2 제4항 제1호에 따른 증권시장에 주식을 상장해 그 주식이 증권시장에서 거래되도록 해야 한다. ② 국토교통부장관은 부동산 투자회사가 정당한 사유 없이 제1항에 따른 증권 시장에의 상장을 이행하지 않은 경우에는 기간을 정해 상장을 명할 수 있다.
49) 부동산 투자회사법 제14조의8(주식의 공모) 제3항 제1호에 의하면 부동산 투자회사가 영업인가를 받거나 등록을 한 날부터 2년 이내에 국민연금공단이나 그 밖에 대통령령으로 정하는 주주가 단독이나 공동으로 인수 또는 매수한 주식의 합계가 부동산 투자회사가발행하는 주식 총수의 100분의 30 이상인 경우 주식을 일반의 청약에 제공하지 않을 수 있다.

또한 공모 상장을 통해 어느 투자자보다도 낮은 요구수익률을 지닐 수 있는 장점이 있다. 이는 매입경쟁력을 갖고 있다는 뜻과 같다. 리츠의 특장점을 이해하고 이를 크게 활용할 수 있어야 한다.

리츠가 개발사업에 투자하는 것도 적절한지에 대해 재고가 필요하다. 왜냐하면 리츠는 개인투자자가 배당을 기대하고 주식 시장에서 거래할 것을 기대하는 상품이기 때문에 개발사업과 맞지 않는다. 왜냐하면 개발이익을 한번에 시현하는 현금흐름을 근간으로 만들어진 리츠는 배당이 없기 때문에 리츠 가격이 형성되기도 어렵다. 가격이 형성되지 않으면 어느 순간에 투자한 투자자는 큰 손해를 볼 가능성이 크다. 개발사업을 근간으로 한 리츠는 배당을 기대하는 투자자의 요구와 다르기 때문에 시장의 외면을 받기 쉽다. 해외사례를 보더라도 리츠가 개발사업 등에 투자하는 경우는 극히 드물고[50] 오히려 기존 리츠의 가치를 떨어트리는 원인으로 주목되기도 한다.

최근 LH공사, SH공사 등 공공기관에서 리츠를 통해 임대주택을 공급하기 시작하고 있다. 그런데 공공기관에서 왜 리츠를 추진하는지에 대한 근본이유부터 제대로 정립함이 필요할 듯

---

50) 싱가포르의 경우 리츠 자산의 10% 이하로만 개발사업에 투자할 수 있으며, 이를 넘을 경우 주주총회 특별결의를 거치도록 하고 있다.

하다. 만일 공공기관에서 개인자금보다 더 낮은 자체 조달금리 또는 지분투자수익률을 보이고 있다면 리츠의 필요성에 대해 더욱 더 고민해야만 한다. 공공기관에서도 리츠는 반드시 해야 하는 정책적인 의무가 아니라 증시, 특히 장기 개인 자금을 활용한 자본효율화의 방안으로 고려될 수 있어야 하기 때문이다.

이보다 더욱 근본적인 것은, 규모와 내용 면에서 개인투자자를 모집할 수 있기까지는 많은 변화가 있어야 할 것으로 보인다. 요약하면, 두가지 큰 풀어야 할 숙제가 있는데 첫번째는 규모의 문제이고, 두번째는 개발사업이라는 점이다.

첫번째로 규모성에서 상장리츠는 최소 수천억 원 규모 이상이 되어야 한다. 이보다 작은 수백억 원 규모의 리츠를 상장한다고 할 때 증시에선 유동성이 부족해 적정한 주가관리가 어렵고 이에 따라 개인투자자가 쉽게 주식을 사고팔기 어렵기 때문에 외면을 받기 쉽다. 결국 중장기적으로도 이는 리츠 시장의 신뢰도를 낮추어 새로운 리츠가 출범할 때 개인들로부터 투자를 유인하기 더더욱 어려워질 수 있다.

두번째로 개발사업이라는 점이다. 앞에서 설명한 것과 같이 개발 단계에 개인투자자가 참여하는 것은 극히 드문 사례에 가깝다. 그렇다면 대규모 개인 자금을 어떻게 임대주택 공급 활성화에 활용해 상호 도움을 주고받는 관계를 만들 수 있을까? 대규모 공사의 경우는 수많은 프로젝트들이 계속 공급되어지는데, 이를 연속적으로 하나의 리츠에 담아나가면서 기존의 많은 임대주택에서 나오는 현금흐름으로 흡수하는 방안을 세우는 것이 어떨까 싶다. 즉, 현금흐름이 발생하지 않는 개발사업만 있는 리츠에 있는 것이 아니라 주(主)가 되는 것은 임대주택의 현금흐름이고 개발사업은 신규사업으로써 지속적으로 편입되는 수준 정도가 바람직해 보인다.

리츠와 펀드는 각기 다른 장점을 가진 부동산 간접투자기구다. 서로의 영역이 탐난다 하더라도 본연의 목적에서 벗어난 업역을 계속 운영하게 되면 그 존재 이유는 점차 퇴색될 것임이 자명하다. 즉, 각각의 장점을 잘 살려서 운영될 때 그 존재 목적이 명확해지고 효과까지도 극대화될 것이다.

예를 들어, 리츠가 비상장으로 개발사업에 매진하는 것이 될 수 있다. 펀드의 경우에도 개인 공모상품을 집중적으로 취급하는 것은 펀드가 갖고 있는 고위험·고수익을 추구할 수 있는 자신만의 특화된 책무를 져버리는 것이라 볼 수 있다.

펀드가 기관투자자의 자금을 기반으로 부동산 개발부터 안정화까지 이룬 후 이를 리츠를 통해 상장해 개인투자자에게 안정화된 배당수익을 시현해주는 것이 가장 이상적인 부동산 시장의 활용방안이라 생각된다.

〈비하인드 스토리 - CJ제일제당센터〉
임차사옥으로 100% 사용하는 경우 건물의 용도, 구조 등도 사옥처럼 입맛에 맞게 변경하게 됩니다.

설계 단계부터 출입구 위치를 조정하고, 저층부 리테일에 안테나샵 역할을 톡톡히 수행하는 푸드월드(Food World) 입점·운영이 좋은 예입니다.

임대인 입장에서도 임차인의 만족도를 끌어 올리는 것이 중요한 목표가 되고 있습니다.

04

첫 리츠 투자를 위한 준비

당연히 상장리츠를 거래하기 위해선 주식 거래를 위한 계좌 개설부터 시작해야 한다.

처음 주식 계좌를 마련하러 갈 때엔 일단 귀가 얇으면 큰일이다. 증권사 창구 직원은 아마도 펀드 가입 권유를 매우 쉽게 할 터인데 이를 뿌리치기가 쉽지 않다. 또한 증권사 창구라는 것이 은근히 사람을 급하게 만드는 경향이 있어서 차분히 의사결정을 내릴 수 있는 공간도 아니다. 가능하면 먼저 준비하고 문을 열기로 하자.

1. 투자 전 고려사항

자금의 용도

리츠는 주식이긴 하지만 주가 변동성이 매우 작다.

다시 말해서 고수익을 얻기는 거의 불가능에 가깝다. 대신 낮은 변동성, 장기 안정성으로 노후자금 또는 장기 여유 투자 자금 성격에 보다 적합하다.

증시를 통해 유동성이 제공되나 아무리 증시와 낮은 상관관계에 있다 해도 기본적으로 수급에 따라 주가는 어느 정도 높아지거나 낮아질 수 있음을 염두에 두어야 한다. 이런 증시 변동성을 이기기 위해선 장기 호흡을 갖고 매달 일정 규모를 적립하여 투자하는 방법도 매우 좋다.

상장리츠에 대해 장기 적립식 투자를 하는 경우, 주가가 낮을 때 들어가면 높은 배당수익률을 가져갈 수 있으며, 주가가 높을 때 들어가면 투자 수익을 조기에 가져갈 수 있는 가능성이 높아진다는 매력이 있다. 좋은 입지의 부동산 가치는 시장 평균 수익률 이상 상승한다. 따라서 우수한 입지의 부동산을 갖고 있는 대형 리츠에 투자하는 것이 중요하다.

기대수익률

리츠는 다른 주식과 달리 수십에서 수백퍼센티지의 수익률을 얻는 투자 상품이 아닐 가능성이 높다.

6개월에 한번씩 연간 5% 전후의 배당수익률을 가져가며 장기 자산가치 상승으로 물가상승률을 상회하는 수준의 가격 상승을 기대하는 정도면 족하다.

더 높은 수익을 바라지 말자. 기대수익이 높아지면 예측 가능성도 낮아지고 변동성은 커진다. 중요한 것은 거친 투자 시장에서 끝까지 살아남는 것이다.

리츠는 매우 낮은 변동성을 갖는다. 즉, 급격한 가격 하락이라든지 회사가 부도난다는 등의 주식 시장에서 있을 법한 급격한 변화가 매우 작다. 이것은 단점이 아닌 큰 매력으로 다가온다. 변동성이 작아서 원본 손실 가능성이 작은 안정적 상품이다. 쉽게 말해 노후보장용 자금을 투자하기에 딱 맞는다.

주식 투자는 회사의 지분에 투자하는 것이다. 따라서 회사를 청산하게 되는 경우 채권자보다 후순위다. 그러나 많은 부채가 있는 경우엔 채권자라 할지라도 원금을 보장받을 수는 없으며 휴지조각에 불과한 경우도 종종 발생한다. 그러나 실물을 갖고 있는 리츠의 경우 대출 원리금을 상환하지 못해 불가피하게 청산하는 최악의 경우[51]를 상정한다 하더라도 자산

---

51) 이는 주식회사의 파산과 내용을 동일하게 가정한 것뿐이다. 실제로 리츠의 경우 대출 원리금을 갚지 못해 청산하게 될 가능성은 극히 낮다. 아마도 시현 가능성이 높은 경우는 예상된 사업계획보다 낮은 배당수익률이 시현되는 정도일 것이다.

을 갖고 있기 때문에 주식 가치가 없어지기는 매우 어렵다. 이는 일반적인 주식회사의 청산 시 주식 가치가 0이 되는 경우와는 매우 다르다. 그 이유는 리츠는 차입비율이 법으로도 자산의 2/3를 넘지 못하게 되어 있는데 반해,[52] 일반적으로 부도가 나는 회사의 경우 차입비율은 족히 이의 몇 배를 넘을 것이기 때문이다.

물론 이런 내용은 대형 우량 상장리츠에 한정된 이야기일 수 있다. 몇몇 소규모 자기관리리츠의 경우 가격의 급등락은 물론 청산된 사례까지도 있다. 하지만 대형 상장리츠의 경우엔 극히 보기 드문 경우다.

투자 검토 기준

리츠에 투자하기로 했는데, 수많은 리츠 상품 중 어떤 것을 선택하면 좋을까? 사실 2017년 현재 국내에는 아직 많은 상장리츠 상품이 출시되지 못했으나, 이미 선택 가능한 해외 상장리츠가 있으며 이를 포함해 향후 다수의 국내 상장 우량 리츠가 출시된다는 가정을 해보자.

---

[52] 물론 주주총회 특별결의를 통해 개발형 리츠의 경우 차입비율을 자산의 10배까지 늘일 수 있다.

처음 가는 길을 잘 모르면 아는 사람에게 물어서 가는 편이 안전하다. 역시 초보 개인투자자에게는 전문가인 기관투자자를 따라하는 것이 제일 좋은 방법 중 하나일 것이다. 그 이유는 개인투자자의 경우 좋은 상품이라 하더라도 그 시장가격을 잘 모르기 때문에 비싼 가격인지 싼 가격인지 알 수 없기 때문이다.[53] 이는 백화점에서 물건을 고를 때 좋은 것인지는 알겠지만 상품 가격이 매겨져 있을 때 그것이 적절한 가격인지 잘 모르는 것과 유사하다.

그렇지만 같은 투자상품에 기관투자자가 앵커투자자(Anchor Investor)로서 같이 투자하고 있다면 그 상품은 비교적 안전하다고 검증된 것일 가능성이 매우 높다. 기관투자자는 상품의 내용은 물론 가격까지 검토해 투자하기 때문이다.[54]

쉽게 말해서, 개인투자자로만 구성된 공모상품은 지양하라는 의미다. 주식 시장에서도 개미투자자만 몰려있는 주식의 경우와 기관투자자가 같이 대주주로 있는 주식의 내용을 살펴보면 같은 결과를 도출할 수 있을 것이다.

---

[53] 그래도 투자를 아예 안하는 것보다 하는 것이 훨씬 유리하다고 생각된다. 약간 더 비싸게 주고 사더라도 그 핵심 가치는 크게 변하지 않을 것이기 때문이다.
[54] 물론 기관투자자도 편차가 클 수 있다. 기관투자자들 사이에서도 자체 판단해 먼저 승인을 내고 기다리는 기관이 있는가 하면, 다른 곳이 승인내는 것을 보고 따라하는 곳도 종종 있다.

기관투자자를 좇아서 투자하는 것도 좋지만, 진짜 좋은 리츠를 구별해내는 힘을 갖추는 것도 중요할 것이다. 다음 항목들을 살펴보도록 하자.

부채비율

LTV(Loan To Value)라고 한다. 총자산가액 대비 부채의 비율을 의미한다.

낮으면 낮을수록 그만큼 안전하다. 하지만 낮게가져갈 수록 배당수익률도 낮아지는 단점이 생기기 때문에 적절한 수준을 유지하는 것이 좋다. 급격하게 부채비율이 변동되는 경우는 특히 눈여겨 보는 것이 좋다.

참고로 싱가포르의 경우 총 자산의 45% 이하로 제한하고 있으며 부채비율이 시장 평균보다 높은 경우 주가 하락의 원인으로 지목되기도 한다. 반면 국내의 경우 60% 이상의 부채비율을 유지하는 것이 일반적이다.

이는 대출비율보다는 지분 투자 수익률 자체에 더 중점을 두고 있으며, 낮은 대출비율로써 안정성을 높이려는 노력에 대해 아직 높게 평가하지 않고 있는 점을 의미한다. 또다른 원인으로는 2000년도 중반까지 리츠의 주요 투자자인 보험회사는 담보대출을 지분 투자와 동시에 취급하는 경우가 많았으며, 이로 인해 대출비율을 최대한 높여 운영하는 것에 대해 전혀 차별화를 시킬 이유가 없었기 때문이기도 하다.

그러나 점차 리츠 시장이 발달함에 따라 이를 차별화하는 시도가 있을 것으로 생각된다.

투자대상

오피스와 호텔은 부동산이지만 현금흐름의 질이 다를 수밖에 없으며 다른 가치를 지닌다.

여기에서 말하는 현금흐름의 질은 변동성을 의미한다. 즉, 같은 수익률이 예상된다 하더라도, 미래 현금흐름의 변동성이 낮은 투자 대상이 더욱 높은 가치를 갖는 것이 당연하다. 앞서 살펴본 바와 같이 일반적으로 오피스 < 리테일 < 물류창고 < 호텔 순으로 변동성이 커진다.

리츠의 규모

리츠가 갖고 있는 총 자산규모가 작다면 증시에서 유동성 확보가 어려워서 가격형성이 쉽지 않을 가능성이 높다.

코스피(KOSPI) 시장의 대형 종목에 비해서 코스닥(KOSDAQ) 시장의 작은 주식들의 가격이 보다 많이 변동되는 것을 보면 유추하기 쉬울 것이다.

좋은 리츠는 여러개의 대형 우량자산을 보유하여 규모성을 갖추고 있으며 지속적으로 자산을 편입하여 성장성까지 도모한다.

운용 경험

부동산 시장의 초기 단계에서는 투자자가 매 투자 건에 대해 시장부터 자산내용까지 상세한 검토를 직접 거친 후 투자 의사결정을 하게 된다. 이를 프로젝트성 투자라고 부른다.

이후 시장이 발달할수록 운용사의 경험이 쌓이게 되어 투자자는 개별 프로젝트가 아닌 운용사의 과거 실적(Track Record) 및 운영 전략 등을 고려하여 자금을 맡기게 된다. 이를 블라인드(Blind) 투자라고 한다. 참고로 어느 대형 기관투자자만을 위해 전문적이고 특화된 블라인드 펀드를 운용하기도 하는데 이를 SMA(Separate Managed Account)라고 표현한다.

상장리츠에 투자한 투자자의 경우 개별 프로젝트에 대해 검토할 수도 있지만, 대부분의 경우엔 그 리츠의 특징과 전략을 보고 투자 결정하게 되는 것이 일반적이다. 상장리츠는 리츠의 운용사가 매입, 매각 및 운용 전략을 수립하고 진행하는 것이지, 투자자에게 개별 프로젝트의 검토 및 투자에 대해 승인을 받지는 않기 때문이다.

물론 추가투자를 위한 유상증자 또는 추가차입과 같은 주요한 사안이 발생하는 경우엔, 이사회 및 주주총회를 열어 주주의 의사를 물어야 한다. 하지만 상장리츠의 경우 개인투자자가 모두 주주총회에 참여하는 경우는 거의 없기 때문에 대부분 대주주(앵커투자자, Anchor Investor)의 의사결정에 많이 따르게 되는 편이다. 이는 일반적인 상장회사의 의사결정과 그리 다르지 않은 과정이다.

  운용사의 규모도 중요하지만 그 운용사가 좋은 과거 실적을 보여주고 있는지에 대해 눈여겨 볼 필요가 있다.

금리 변동성

  대출비율(LTV)과 연계되나, 이보다 다른 관점도 필요하다.

  일반적으로 시장 대출 금리가 올라가면 이자비용 상승으로 지분가치가 훼손[55]될 가능성이 높다. 따라서 리츠의 경우 일정부분 이상을 장기 고정이자율[56]로 금리 변동성을 낮추는 전략을 취하는 경우도 많다. 국내의 경우 거의 고정금리로만 차입을 하는 것으로 보이나, 해외의 경우엔 오히려 고정금리와 변동금리를 섞는 경우가 일반적으로 보인다.[57]

  그런데 무조건 금리가 올라가면 리츠에 나쁜 영향을 끼치게 된다고 생각하는 것은 잘못될 수 있다.

  왜냐하면, 금리가 올라간다는 이유를 따지고 보면 경기가 활성화 되고 물가상승률이 같이 높아진다는 뜻이기도 하기 때문이다. 이런 이유로 기초 경제가 좋지 않을 경우엔 기준 금리 인상을 쉽게 결정하지 못하는 원인이 되기도 한다. 예를 들

---

55) 배당수익률이 낮아지고 이로 인해 주가는 하락하게 된다.
56) 단기 변동금리 대출보다 장기 고정금리 대출의 이자율이 더 높다.
57) 영구 상장 운영을 할 때엔 당연히 추가 차입시점이 다르기 때문에 대출만기도 단일 리츠임에도 분산된다.

어, 미국 금리가 상승기조로 바뀌었다고 해서 한국 시장의 내수가 살아나지 못한 상태에선 기준금리를 무조건 따라서 올릴수는 없다는 뜻이다.

결국 임대료, 관리비 등 리츠의 수입이 같이 커진다는 뜻이며, 이로 인해 부동산은 인플레이션 헤지(Inflation Hedge) 기능을 갖춘 투자자산이라는 독특한 장점을 갖게 된다.

세금

소득이 있는 곳은 어디든 세금이 따라 붙는다. 리츠는 개인이 직접 부동산에 투자하는 것보다 세금에서도 훨씬 유리하다. 리츠 투자에서도 당연히 세금은 고려되어야 할 필수 항목이지만 모두 이해하기란 여간 쉽지 않은 일이다.

세금 관련 내용은 크게 리츠 자체 세금과 개인이 개별적으로 고려해야 할 세금 두 가지로 구분해볼 수 있다.

리츠 자체의 세금이란 직접투자가 아닌 리츠라는 간접투자기구를 이용함으로써 리츠가 부담하는 세금을 말한다. 사실 개인투자자는 이를 간접투자기구가 모두 부담한 후의 배당만 받게 되므로 별도로 고려할 필요는 없다.

단지, 리츠를 통해서 투자하는 경우 부동산 운영 기간 중 발생하는 재산세는 개인 또는 법인을 통해 직접투자하는 경우보다 거의 절반 정도로 줄게된다는 점, 자산을 매각해 발생하는 이익에 대해서도 간접투자기구인 리츠에서는 전혀 부담하지 않을 수 있다는 점의 두 가지 정도를 염두해두면 충분하다.

이제부터는 개인이 리츠에 투자할 때 개별적으로 개인이 직접 고려해야 하는 사항을 알아보기로 한다.

1) 배당소득세[xxii]

리츠가 개인투자자에게 지급하는 배당금에 대해 15.4%[58]의 원천징수[59]를 한 후 개인 통장에 입금된다. 배당소득을 포함한 모든 금융소득이 2천만 원 이하이면 상장주식 여부 및 대주주 여부에 관계없이 원천징수로 납부 의무가 종결된다.

반면 배당소득을 포함한 모든 금융소득이 2천만 원을 초과하는 개인투자자는 원천징수 여부와 상관없이 종합과세 소득에 해당되는 점을 잊지 말아야 한다. 물론 원천징수된 세금은 종합과세 시 기납부세액으로 공제된다.

---

[58] 소득세 14%+주민세 1.4%
참고로, 임대주택 관련 리츠, 펀드의 배당소득세 분리과세는 2018년까지 적용된다(2016년 6월 발표 기준).
[59] 배당소득의 원천징수 의무자는 실제 지급자다. 따라서 개인투자자의 경우 증권회사가 된다.

참고로 투자자가 법인인 경우엔 어떻게 될까?

법인에 귀속되는 증권투자신탁의 수익분배금을 제외한 배당소득에 대해서는 원천징수 의무가 없으며, 각 사업연도 소득에 포함해 법인세가 과세된다.

한 단계 더 나아가, 해외 투자자[60)]의 경우엔 어떻게 될까?

비거주자의 배당소득에 대한 조세는 조세조약 여부에 따라 달라진다. 조세조약 비체결국의 경우에는 배당소득의 20%를 소득세로, 그리고 다시 그 배당소득세액의 10%를 주민세로 추가 계산해야 한다.[61)]

만일 제한세율에 우리나라의 주민세가 포함되지 않은 경우에는 주민세를 별도로 계산해야 한다. 예를 들어, 미국이나 캐나다의 경우엔 제한세율 15%는 소득세(법인세)가 되며, 이와 별도로 제한세율의 10%를 주민세로 계산해야 한다. 반면 일본과 같이 주민세를 포함해 제한세율을 15%로 정하고 있는 경우에는 제한세율 범위 내에서 소득세(법인세)와 주민세를 안분해 계산한다.

---

60) 조세조약은 국적에 관계없이 체결국의 거주자에게 적용되며, 양국간 조약이기 때문에 제3국의 거주자에게는 적용되지 않는다. 또한 적용대상 조세는 소득에 대한 조세로써 법인세, 소득세, 주민세 등이 해당된다.
61) 소득세법 제156조, 법인세법 제98조

2) 종합소득세[xxiii]

종합소득세는 개인이 지난해 1년간의 경제활동으로 얻은 소득에 대해 납부하는 세금으로 모든 과세대상 소득을 합산해 계산하고, 다음해 5월 1일부터 5월 31일까지 주소지 관할 세무서에 신고·납부해야 한다.

종합소득에는 이자, 배당, 사업(부동산 임대), 근로, 연금, 기타소득이 포함된다. 이는 직장인들의 경우 월급과 별도로 발생하는 소득에 대해서도 적용됨을 의미한다. 이자소득과 배당소득[62]의 경우 금융소득[63]으로 분류되어 2,000만 원을 초과할 경우 종합과세대상이 된다. 만일 2,000만 원을 초과하지 않을 경우 원천징수로 마무리된다.

다음 표는 종합과세 대상 소득 및 종합소득세 세율을 정리해둔 것이다.

[종합과세 대상 소득]

구분	종합소득	기준금액
1	금융소득(이자, 배당)	2천만 원 초과
2	연금소득	사적연금, 1,200만 원 초과
3	기타소득	300만 원 초과
4	근로소득	-
5	사업소득	-

---

[62] 소득세법 제 16조 및 제17조 참조
[63] 금융소득이란 은행은 물론 증권회사, 보험회사, 종합금융회사, 투자신탁회사와 농·수협, 신용협동조합, 우체국 등에서 받는 예·적금, 예탁금 등의 이자소득과 국·공채, 금융채, 회사채 등에서 발생하는 이자와 할인액, 비영업대금이익, 주식 및 출자금에서 발생하는 배당소득을 의미한다.

[종합소득세 세율]

(2016년 소득 기준)

구분	세율	누진공제
1,200만 원 이하	6%	
4,600만 원 이하	15%	108만 원
8,800만 원 이하	24%	522만 원
1억 5,000만 원 이하	35%	1,490만 원
1억 5,000만 원 초과	38%	1,940만 원

계산방법

2천만 원을 초과하는 금융소득은 다른 종합과세와 합산해서 누진과세를 적용한다.

금융소득에 대한 원천징수세율은 14%인데 종합소득세율은 6%부터 시작되기 때문에 금융소득종합과세를 통해 세금이 낮아질 수 있다. 금융소득이 2천만 원 이하인 자보다 2천만 원 초과인 자가 세금을 덜 부담하는 불합리함을 없애기 위하여 비교산출세액 방식으로 과세한다.

[① 2천만 원 초과하는 금융소득과 다른 종합소득 합산해서 누진과세]

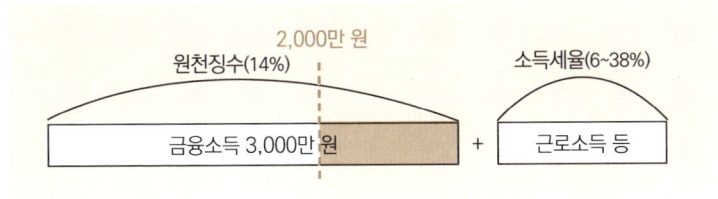

[② 금융소득은 14%, 다른 종합소득은 누진과세]

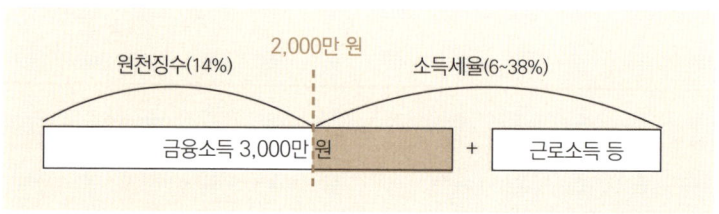

①의 경우는 2천만 원을 초과하는 금융소득을 근로소득 등 종합소득에 합산해 계산한 것이다. 이때 종합과세와 합산한 소득세율이 금융소득에 대한 원천징수 세율인 14% 보다 낮다면 ②의 경우에서처럼 금융소득 전체에 14%를 적용시키는 것 보다 더 낮은 세금을 내게 된다.

배당소득 그로스업(Gross-Up)

그로스업은 법인단계에서 한번 과세된 소득이 개인 소득세 단계에서 이중과세되지 않도록 조정하는 것을 말한다.

주식 투자로 인한 배당금은 그로스업 대상이지만, 펀드분배금 및 ELS 등은 대상이 아니다. 그로스업은 실제 받은 배당소득은 아니지만 법인단계에서 부담한 세금만큼 배당소득을 증가시키고 그만큼 기납부세액으로 차감시켜주므로 배당소득이 동일할 경우 세금이 적게 발생한다. 단, 금융소득종합과세 기준금액(2천만 원) 초과 분 중에서 대상 소득에 대해 그로스업 11%를 가산한다.

예를 들어, 가산할 배당소득이 1천만 원이라면 1천만 원의 11%인 110만 원을 그로스업해 해당 금액을 기납부세액으로 보아 종합소득산출세액에서 차감한다.

금융소득만 있는 경우

금융소득만 있는 경우 연 7,220만 원까지는 세부담이 늘어나지 않는다.

단, 이는 그로스업을 고려하지 않는 경우에만 적용된다. 금융소득이 7,220만 원 이하이면서 다른 종합소득이 없는 경우 종합소득세 신고의무는 있으나 추가납부세액이 없어 가산세는 발생하지 않는다. 다만, 금융소득 4천만 원 초과 시 건강보험료 피부양자 자격 상실, 종합소득 발생으로 연말정산 부양가족공제 제외 그리고 미성년자 등 자금 출처가 없는 자일 경우 증여세 과세 문제 등과 같은 이슈가 발생할 위험이 있다.

종합소득세를 절세하기 위한 팁은 다음과 같다.

소득 실현 기간 분산

일반적으로 펀드의 경우 매도시점 분산, ELS의 경우 가입기간을 달리해 과세대상기간의 분산으로 절세하는 방법이 사용된다. 하지만 리츠의 경우 일반적으로 1년에 두 차례 배당금이 입금되고 이 시점을 개인이 조절할 수는 없다. 따라서 과세기간을 분산하는 방법으로는 절세할 수 없다.

증여 공제 분산

배우자의 경우 6억 원, 성인자녀의 경우 5천만 원, 미성년 자녀의 경우 3천만 원까지 증여세가 공제된다.

금융소득종합과세는 부부합산과세 되지 않아, 배우자의 계좌로 자산을 분산 투자해 금융소득종합소득세를 절세하는 방법을 고액자산가들이 가장 많이 활용하고 있다.

즉, 연간 주식 투자 등을 통한 배당소득이 금융소득종합과세 기준금액인 연 2,000만 원을 넘는다면, 넘어가는 부분의 리츠 매입 시 배우자, 자녀에게 계좌를 분산해 거래하는 것이 가능하다.

3) 양도세

상장주식인 리츠를 거래할 때 별도의 양도세는 없다.[64]

하지만 아주 예외적인 몇 가지 사항이 있다. 대주주인 경우엔 양도세가 부과될 수 있다. 주주 1인과 특수관계인의 주식 합계액이 총 발행주식의 1% 이상 또는 25억 원 이상인 경우엔 20%를 양도세로 납부해야 한다.[65] 이는 리츠에게 특별히 부과되는 내용이 아니며, 주식 거래에 일반적으로 적용되는 내용이다.

---

[64] 참고로 양도세와 별도로 거래세 0.3%가 부과되며, 이는 모든 상장주식을 매각할 때 일반적으로 적용되는 사항이다. 비상장주식을 거래할 때엔 0.5%가 매도자측에 부과된다.

[65] 2016년도 기준이며, 적용되는 내용은 연도별로 다를 수 있으니 확인이 필요하다.

또한 해외주식의 경우 매매차익에 대해서 양도소득세가 부과된다. 250만 원까지는 공제되고 그 이상의 수익에 대해서는 22%가 부과된다.

4) 건강보험료[xxiv]

건강보험료는 세금은 아니지만, 준조세에 해당된다.

건강보험료의 경우 지역가입자[66]와 직장가입자[67]가 각각 다르게 적용받는다. 피부양자의 지역가입자 전환과 직장가입자의 추가 보험료는 소득 구분에 따라 요건이 다르다.

구분	피부양자 → 지역가입자 전환	직장가입자 추가 과세
금융소득	연간 4천만 원 초과	근로소득을 제외한 종합소득이 7,200만 원 초과 시 추가 과세
사업소득 (부동산 임대소득 포함)	사업소득이 있는 경우 (사업자등록이 없으면 : 연간 500만 원 초과)	
연금소득	연금소득의 50%가 2천만 원 초과	
재산세 과세표준	과표 합계액 9억 원 초과 (형제, 자매의 경우 3억 원)	해당사항 없음.

---

[66] 직장가입자와 그 피부양자를 제외한 국민건강보험 가입자가 지역가입자에 해당한다.
[67] 모든 사업장의 근로자 및 사용자와 공무원 및 교직원이 국민건강보험의 직장가입자가 된다.

지역가입자의 경우 보험료는 당해 11월부터 세대주 명의로 건강보험료가 부과되며, 이때 지역가입자 대상 세대 전체의 소득, 재산, 생활수준 및 경제활동 참가율 등을 반영해 보험료를 산정한다. 현행 국민건강보험법에 의한 피부양자 인정기준에 의하면 '이자, 배당소득의 연간 합계액이 4천만 원 이하인 자'라고 표현되어 있어, 해당 기준에 부합하는 자는 피부양자 자격이 있다.

직장가입자의 건강보험료는 보수월액 보험료[68]와 소득월액보험료[69]로 구분된다.

보수월액보험료는 보수월액이 28만 원 미만인 경우에는 28만 원, 보수월액이 7,810만 원을 초과하는 경우에는 7,810만 원으로 산정하고 있다. 앞의 표에서 언급된 직장가입자의 종합소득이 7,200만 원 초과 시 발생하는 추가 과세액은 소득월액보험료에 산정 시 반영되는 내용이다.

소득월액이 연간 7,200만 원을 초과하는 경우에 보수 외 소득을 기준으로 추가 납입액을 산정하되, 소득월액이 7,810만 원을 초과할 경우 7,810만 원을 소득월액[70]으로 산정한다.

---

[68] 직장가입자가 지급받은 보수를 기준으로 산정되며, 사용자 등과 직장가입자인 근로자가 각각 절반씩 부담한다.
[69] 보수 외의 소득을 기준으로 산정되며, 직장가입자가 전액을 부담한다.
[70] 소득월액의 항목으로는 이자소득, 배당소득, 사업소득, 근로소득, 연금소득, 기타소득이 있으며, 리츠와 같은 주식회사에서 발생하는 배당소득도 소득월액 산정 시 반영되어 보험료의 상승으로 이어질 수 있다.

즉, 직장가입자의 경우 근로소득을 제외한 연간 종합소득이 7,200만 원 이하라면 추가 건강보험료는 없다. 만일 타 소득이 연간 7,200만 원을 초과할 경우 건강보험료는 5월 종합소득 신고 후에 건강보험관리공단으로 소득신고내역이 넘어가고, 근로소득을 제외한 연간 종합소득이 7200만 원을 초과한다면 해당 소득에 대해 2.945% 추가 보험료를 11월부터 개별 부과하게 된다.

2. 리츠 상품 찾기 – 오피스가 좋을까, 호텔이 좋을까?

상업용 부동산은 크게 오피스/리테일/물류/호텔의 4가지 섹터로 구분된다. 그런데 재미있는 것은 이들 사이에 우열 관계가 있다는 점이다.

투자처별 현금흐름 특징
일반적으로 기관투자자가 선호하는 투자처는 오피스 > 리테일 > 물류 > 호텔 순서다. 즉, 같은 수익률을 갖고 있을 때 호텔보다는 오피스에 투자한다는 뜻이다.

다시 설명하면, 연간 5%의 배당수익률이 나온다고 하면 오피스에는 적정할 수 있지만 호텔은 그렇지 않을 가능성이 매우 많다고 볼 가능성이 높다. 물론 이는 각 섹터에서 비슷한 경쟁력을 갖고 있다는 가정이며, 우량한 호텔보다 열등한 오피스가 더 선호되는 것은 아니다.

오피스, 리테일, 물류, 호텔의 각각 임대 수입이 발생하는 원천을 살펴보면 다음과 같다.

| 호텔 |

개인이 하루짜리 숙박을 계약하고 이것들이 합쳐져서 호텔의 총 임대수입이 된다. 즉, 임대기간 하루에 개인 임차인이다. 물론 호텔 운영업자가 장기 임대차를 임대인과 약정하는 경우가 있지만, 실제 현금흐름이 계약한 것보다 커야 함은 당연하다. 따라서 수입의 원천이 임대기간 및 임차인은 하루 또는 드문 경우이지만 아주 길어야 수개월의 계약기간을 가진 개인 임차인이다.

| 물류창고 |

물류창고는 크게 건식(Dry)와 냉동식(Cold)으로 나뉜다. 이 두 가지가 혼용된 곳도 많다. 최근에는 신선제품을 다루는 프레쉬(Fresh)의 수요도 커지고 있다. 건식의 경우 범용성이 좋고 가장 많은 수요가 있다. 냉동식의 경우엔 임차인에 따라 요구되는 온도 및 시설의 편차가 큰 편이고, 음식물의 경우 냄새 등의 영향으로 냉동창고 한 개에 단일 임차인만

넣을 수밖에 없는 경우도 발생한다.

따라서 가장 투자가 많이 이뤄지는 건식창고를 기준으로 임대수입의 원천을 생각해보면, 가장 작게는 파레트(Pallet) 단위당 하루짜리 계약이 최종적인 현금흐름이 될 것이다. 일반적으로 중소기업의 물류 업체('화주'라고 한다)들이 실제 자신이 사용하는 면적에 대해 짧게는 며칠에서 길게는 수개월 정도의 창고 사용대차계약을 체결하게 된다.

그리고 물건 주인의 신용도가 좋다 하더라도 창고 실제 임차인은 물류 업체다. 따라서 물류 업체 자체의 신용도가 높은 경우는 그리 흔하지 않다. 물론 일부 대형 화주의 경우 신용도가 매우 높은 경우가 있다. 하지만 이 경우엔 자신이 직접 소유·운영하는 물류창고를 이용하기 때문에 투자 가능한 상업용 부동산 물건으로 포함되지 않게 된다.

| 리테일 |

리츠에 적정한 상업용 리테일은 다양한 임차인으로 구성된(이를 Tenant Mix라 한다) 대형 쇼핑몰이 대표적이다. 쉽게말해 집 바로 앞의 근린상가와 같은 소규모 리테일을 의미하는 것이 아니다.

임차인은 개인, 중소업체부터 대기업까지 넓게 포진하며 임대차 기간은 일반적으로 수년 정도로 길지 않다.

리테일은 판매의 경우 대형 몰(Mall)을 기준으로 할 때 약

300~500개의 가망 임차인 군에서 선정된다. 식음의 경우 이보다 몇 배의 가망 임차인 군이 생기는데, 판매보다 훨씬 유행의 변동폭이 크다. 3년 전의 임차인 구성과 동일한 임차인 구성을 갖춘 대형 리테일이라면 고객은 크게 줄어들고 그 쇼핑몰의 매출은 점차 하락할 수밖에 없을 것이기 때문이다. 결국 리테일 임차인은 짧은 임대차 주기를 갖을 수밖에 없다.

| 오피스 |

임차인은 중소기업 및 대기업인 경우가 많고 최소 임대차 계약 기간은 2~3년에서 5년이 일반적이나 실제 건물에 입주해 있는 것은 이보다 긴 기간인 경우가 대부분이다.
정상적인 기업이라면 임대료가 얼마 정도 낮다고 해서 쉽게 이전하지 않는다. 이전하게 되면 물리적인 이사 비용은 물론이고, 간단하게는 직원 명함부터 회사 각종 서식, 정관 변경 등 후속 업무가 만만치 않으며 거래업체 또는 경쟁업체와 직접(直接)에 따른 효과는 고려해야 할 사항 중 하나다.

그래프로 간단히 정리하면 다음과 같다.

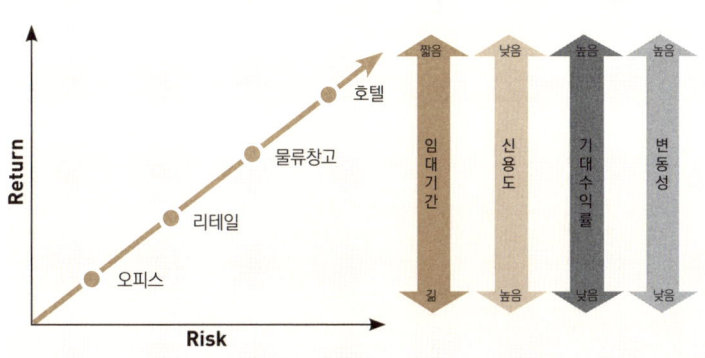

　업종별 기대수익과 현금흐름의 변동성이 다르게 나타난다. 이것은 각 업종별로 다른 기대수익률을 제시할 수 있어야 한다는 것이다. 예를 들면, 일반 호텔의 예상 배당수익률은 유사한 등급의 오피스보다 높은 수익률을 제시해야 한다는 의미다.
　개인투자자라고 해서 무조건 연 5% 전후의 배당수익이 예상되는 상품에 덜컥 가입만 해서 되는 것이 아니라, 투자하는 상품군을 살펴보고 그 안의 위험 및 변동성도 같이 이해해야 한다는 뜻이다.

　쉽게 말해서, 연 배당수익률 4.5%를 제시하는 호텔 투자는 매우 잘못된 것일 수 있다. 중간에 누군가 높은 수익을 떼어내고 남는 것만 개인투자자에게 제시한 것일 수 있기 때문이다.

반면, 9%의 높은 수익률을 제시하는 오피스 투자는 무엇인가 평균에서 벗어난 것일 가능성이 높다.

물론 이런 사례에 해당한다 해서 무조건 잘못된 상품이라는 것은 아니다. 왜 그렇게 상품이 구성되었는지 의문을 갖고 바라봐야 한다는 점이 중요하다.

관리의 용이성

오피스의 경우 아주 전문적인 관리자가 필요한 것은 아니다. 운용의 범용성이 크다고 할 수 있다.

그러나 나머지 섹터는 이보다 전문적인 운용자가 필요하며 누가 관리 운영하는지에 따라 자산의 성격은 물론 가치가 좌우된다. 예를 들어, 5성급 호텔과 3성급 호텔은 시설 차이도 있지만 호텔 소비자의 관점에선 호텔 브랜드에 따라서 크게 좌우된다. 호텔 브랜드는 운용자가 설정한 포지션에 따라서 정해진다.[71]

결국 단위 면적당 임차인 또는 소비자가 지불 가능한 임대료에 직접적으로 영향을 미치게 된다.

투자자 입장에서는 운영자를 쉽게 바꿀 수 없게 될수록 투자에 까다로움을 느낄 수밖에 없다. 호텔뿐 아니라 물류 및 대형 리테일도 비슷한 현상이 관찰된다.

---

71) 별첨 #9 호텔 운영자 별 브랜드 가치 참고

물류의 경우 임차인이 대부분 영세한 물류 전문 업체인 경우가 많다. 대기업인 경우 자체 물류창고를 갖고 있기 때문이다. 이런 임차인(정확히는 물류에선 임차인이라는 표현을 쓰지 않고 '화주'라 한다)을 데려오는 것은 임대대행사가 아니라 물류창고를 직접 운영하는 운영자('Property Manager' 또는 'PM'이라 부른다)인 경우가 많다. 따라서 운영자가 바뀌는 경우 물류창고 운영 전반에 대해 어려움을 겪을 수밖에 없다.

따라서 역시 오피스 투자가 다른 부동산 섹터보다 선호되는 이유다.

투자의 규모

기관투자자 및 개인투자자 모두에게 필요한 것은 적절한 규모성이며, 이를 가장 쉽게 맞출 수 있는 것이 오피스다.

적절한 투자규모를 갖추지 못하면 적절한 가격 형성을 하지 못하게 된다. 상장리츠의 경우에는 증시에서 유동성을 갖추기도 어렵게 되고 개인투자자에게 적합하지 않게 된다.

증시에 상장되지 않은 경우엔 기관투자자로만 투자자가 구성된다. 이 경우에도 적절한 투자규모를 갖추지 못한 경우엔 매수자 또는 매도자를 찾기 어려워 적합한 투자처로 보기 어렵게 된다.

투자자가 선호하는 중심상업지역 오피스 등은 단일 투자규모가 최소 약 2천억 원을 넘는 경우가 대부분이다.

반면 물류는 대부분의 거래 규모가 5백억 원을 채 넘지 못하는 것이 일반적이다. 이는 국내에만 있는 현상이 아니다. 해외의 경우도 단일 물류시설이 1천억 원을 넘는 경우는 매우 드물고, 5백억 원 내외의 자산이 가장 많다. 예를 들어, 싱가포르 증시에 상장된 Cache REIT의 경우 총 19개의 자산을 갖고 있는데 평균 자산규모는 약 550억 원(66백만 싱가포르 달러) 수준이다.

리테일은 매우 편차가 심하다. 대규모 복합 상업시설에 포함된 것은 수천억 원 이상으로 매우 규모가 큰 것도 있지만, 500억 원 내외의 규모를 갖춘 리테일이 훨씬 많이 거래된다.

기관투자자의 경우엔 단일 물건 당 최소 2천억 원 이상을 요구하는 경우가 많다. 물론 그 이하의 자산도 수요가 아예 없는 것은 아니지만, 규모의 경제를 이루지 못하게 되어 일반적으로 기관투자자는 작은 규모의 투자를 선호하지 않는다.

참고로 우리나라의 증권거래소에서도 일정 규모 이상의 리츠만 상장할 수 있도록 규정하고 있다.

거래소상장규정 제127조 제2항에 따르면 상장예비심사일 이전 자기자본 100억 원 이상, 연매출 70억 원 이상을 달성해야 한다.

[위탁관리리츠 상장규정][72]

구분	현행	개선
매출액	(개발) 300 억 원 (비개발) 100 억 원	(개발 뉴스테이) 200억 원/1년 (비개발 위탁관리리츠) 70억 원/1년
우선주 상장	허용규정 없음	우선주 상장 허용

이는 최소 규정으로 이해하는 것이 좋을 것 같고, 충분한 유동성을 갖추기 위해서는 이보다 큰 규모가 유리하다.

참고로 일본 리츠의 평균 자산규모는 2조 3,600억 원, 싱가포르는 1조 7,580억 원이나 된다. 이를 대략적으로 7% 배당수익률을 가정해 환산하면 연간 매출액 기준으로 1,440억 원 정도에 이른다. 우리나라의 상장기준과 비교할 때 훨씬 큰 규모로 시장이 형성되어 있음을 쉽게 알 수 있다.

---

72) 2016.10.5. 개정내용 기준

〈비하인드 스토리 - SFC〉
싱가포르 투자청의 산하기관인 GIC에서 매입한 빌딩입니다. 대표적인 코어오피스 투자 사례로써 이 물건 이후 국내 상업용 부동산 투자 및 운영의 본격적인 시장이 열렸다고 해도 과언이 아닙니다. 이후에도 선진적인 자산운영을 바탕으로 시장 내 최고 경쟁력을 놓치지 않고 있습니다. 부동산 자산운용 시장 또한 더 이상 예전의 주먹구구식의 방법으로는 살아남을 수 없게 되었습니다.

05

실전 리츠 투자

2017년 현재 우리나라 증시 규모는 전 세계 증시의 약 2% 정도를 차지하고 있다. 큰 비중을 차지하고 있는 것은 아니지만 그 안에서도 매우 활발한 것을 느낄 수 있다.

반면, 국내 상장리츠는 전 세계 리츠의 0.1%에도 못미치고 있다. 증시와 비교해서도 그렇지만 절대적으로 많이 부족한 느낌을 지울 수가 없다. 그러나 한편으로 생각하면 성장 잠재력이 엄청난 시장이라는 뜻이기도 하다.

이 장에서는 리츠를 직접 매입하기까지의 방법을 차근차근 설명하고자 한다.

1. 국내 리츠 투자하기

국내 리츠를 사는 방법은 매우 간단하다.

주식을 사는 것과 정확히 같다. 종목이름을 입력하고 주문을 넣고 기다리면 된다.

만일 처음 상장하는 리츠의 경우엔 공모 청약을 받아 거래소에 상장하게 된다. 따라서 일반적인 주식 청약의 방법을 증권사 등 판매사에서 알려주는 대로 따르면 된다.

증시에서 거래가 되고 있는 리츠인 경우엔 증권사를 통해 증시가 열리는 시간 동안이면 언제든 거래할 수 있다.

투자한 이후에는 일반적으로 매 6개월마다 배당금이 입금된다. 결산일이 6월, 12월로 되어 있다면 결산일이 지난 약 2개월 후 쯤 배당금이 증권계좌로 입금된다.

투자한 리츠를 팔려고 하는 경우에도 어렵지 않다. 일반적인 주식 거래와 마찬가지로 핸드폰, 컴퓨터를 통해 온라인으로 매각 주문을 하든지 증권사 객장을 직접 방문해 처리도 가능하다.

리츠도 주식이기 때문에 거래에 대해 약간의 수수료와 보수가 발생하지만 그 금액은 크지 않다.

배당금이 연 2천만 원을 넘는 경우엔 종합소득세 신고 대상인 점만 주의하면 특별하게 신경쓸 일이 없다. 예를 들어, 배당금이 연 2천만 원을 넘으려면 5% 배당수익률을 가정할 때 약 4억 원의 리츠를 사야 하니 그리 작은 금액은 아니다.

정작 문제는 우리나라엔 대형 우량 리츠로 불릴 만한 종목이 아직 없다는 점이다. 그러나 최근 개인 공모 부동산 투자 시장이 활성화 되고 있으며 해외 사례를 참고해볼 때 시장이 급격히 커질 것으로 예상된다.

참고로, 2001년 우리나라에 리츠가 도입된 이후 2017년 현재까지 총 19개 리츠가 상장되었다.

이 중 현재 상장되어 있는 것은 3개의 자기관리리츠뿐이다. 예전에는 대형 위탁관리리츠가 있었지만 현재는 모두 청산되어 남아 있지 않고, 시가총액 수백억 원 수준의 중소형 자기관리리츠만이 거래 가능하다.

지금 거래가능한 이 '자리관리부동산 투자회사'는 이 책에서 주로 설명한 리츠-정확히는 '위탁관리부동산 투자회사'와는 분명히 다르다. 현재 자기관리리츠가 보유한 자산은 중소형 부동산을 투자대상으로 하고 있으나, 이 책에서 주로 언급한 내용은 대형 상업용 부동산을 운용하는 리츠에 해당된다.

예를 들어, 현재 서울 도심내 A급 오피스의 매매금액은 최소 2천억 원을 넘기고 있으며, 대형 상업용 리츠의 경우 이를 포함하게 되므로 당연히 수천억 원 이상의 큰 자산규모를 자연적으로 갖추게 된다.

2. 해외 리츠 직접 투자하기

국내에는 아직 상장리츠가 그리 활성화 되지 못해 투자할 만한 종목을 찾기가 쉽지 않다.

이럴 때 생각할 수 있는 것이 해외 리츠를 직접 투자하는 것이다. 해외 리츠 시장은 국내와 달리 매우 크게 발달되어 있어서, 개별 리츠 종목을 선택하지 않고도 ETF 등을 통해 해당 국가의 리츠에 투자하는 것과 거의 동일하게 투자가 가능하다.

그런데 해외주식 투자도 해본 경험이 없는데 굳이 해외리츠까지 투자해야 하는지에 대해 먼저 생각해봐야 할 것 같다.

개인의 해외투자에는 환율 변동 리스크에 그대로 노출되는 점을 우선적으로 고려해야 한다. 그럼에도 불구하고 해외리츠가 가장 필요한 사람은 해외표시 통화 자산을 운용할 필요가 있는 사람일 것이다. 예를 들어, 유학을 보낸 자녀가 있다든지 원화 약세가 예상되어 달러 표시 자산에 투자하고 싶은 사람이 매우 적합하다.

해외 투자 시 선택해야 할 사항은 다음과 같다.

국가 선정하기

아직 모든 국가가 실시간 온라인으로 거래가능하지 않다. 온라인 거래가 가능한 국가 중 리츠가 활성화 된 곳은 미국/홍콩/일본 정도이며, 다른 국가는 직접 증권사 객장 또는 전화를 통해 오프라인으로 주문해야 한다. 오프라인 거래는 수수료가 더 비싼 점, 그리고 실시간 거래가 아닌 익일 또는 주문일로부터 이틀 뒤에 체결이 되는 등 제한이 많다.

계좌개설하기

해외 주식 거래는 국내 주식 거래 방법과 크게 차이가 나지 않는다. 다음의 3단계를 거치면 되는데, 중간 과정인 '환전 또는 외화 입금'만 다른 점이다.

> 스마트폰으로 주식계좌를 개설 → 환전 또는 외화 입금 → 해외 주식 매매

첫번째 단계로 스마트폰에서 주식계좌를 개설할 때엔 공인인증서와 함께 주민등록증 또는 운전면허증을 통해 본인인증 절차가 있는 점에 유의한다. 또한 해외 증권 등록이 가능한 계좌인지도 확인하도록 한다.

계좌개설이 된 이후엔 원화 또는 환전된 외화를 계좌에 입금해 달러 등 해당 국가의 통화로 바꾸어두면 된다.

여기에서 주의할 점은 증권사에서 환전할 때 적용되는 환율이 은행에서 우대를 받는 환율보다 불리하다는 점이다. 경우에 따라, 약 1천만 원을 환전할 때 10만 원 정도의 차이가 발생할 수도 있다. 그렇다면 환율 우대를 받아 환전한 후 증권계좌에 이체를 하면 될 것인데 이게 그렇게 쉽지가 않다. 외화를 개설한 증권 계좌에 직접 이체하는 것이 불가능하기 때문이다. 증권사에서 마련한 별도의 계좌에 외화를 이체하고, 전화로 다시 자신의 증권계좌에 이체해달라고 요청해야 한다. 또한 주식 매도를 한 경우에도 증권계좌에서 외부 통장으로 직접 외화 송금이 되지 않아 반대의 절차를 그대로 거쳐야 하는 불편함이 있다.

마지막 단계인 해외 주식 매매는 국내 주식 거래 방법과 그대로 동일하다. 휴대폰으로 종목을 선택해 매수 주문을 입력하면 된다.

종목 선정하기

해외 개별 종목을 직접 알고 투자하기란 영 쉽지 않은 일이다. 따라서 해당 국가의 리츠 ETF상품을 투자하는 것도 하나의 방법으로 생각된다.[73] ETF도 수수료가 있긴 하지만, 그리

---

73) 주요 국가의 리츠 상품 등은 별첨 5~별첨 8 참조

큰 편은 아니다. ETF를 선정하는 기준도 거래량이 많은 대형 종목으로 선정하는 것이 수수료를 포함해서 더욱 유리하다. ETF상품마다 각기 특징이 있고 지난 성적표가 잘 분석되어 있으니 미리 공부를 해두는 것도 필요하다.

세금 계산하기

배당금에 대해 15.4%의 배당소득세(지방소득세 포함)는 국내 투자와 동일하다. 하지만 국내 주식 거래할 때 발생되지 않는 양도소득세가 매매차익에 대해 지방소득세를 포함해 22%가 부과되는 점이 큰 차이점이다.

이 두 가지에 대해 좀 더 자세히 알아보면 다음과 같다.

배당소득세는 현금배당과 주식배당이 있으며 원천징수를 증권사에서 한 후에 배당금이 입금된다. 원천징수에 따른 적용환율은 한국 지급일의 기준환율이 적용된다.

양도소득세는 양도차익에서 250만 원을 차감한 금액이 과세대상이 된다. 즉, 250만 원 초과 금액에 대해 과세가 된다. 양도차익은 종합과세에 합산되지 않는다. 양도소득이 발생한 연도의 다음해 5월 한 달간 확정 신고를 해야 하며 증권사를 통해 신고대행을 할 수도 있다. 참고로 납부불성실 가산세는 연 10.95%며, 신고불성실 가산세는 무신고 시 20%다.

환율 고려하기

　개인이 해외 투자할 때 환율 변동을 헤지(Hedge)하는 방법은 거의 없다. 환율 변동을 헤지하기 위해서는 환전은행과 선물환 계약을 별도로 체결해야 하는데, 이는 쉽게 말하면 1년 혹은 미래 일정 시점에까지 해당 통화를 먼저 대출받아 두는 효과와 동일하다. 따라서 그 정해진 시점에 해당 통화가 없는 경우엔 은행에게 그 당시 환율로 계산된 만큼의 원화를 그대로 갚아야 한다. 이는 투자한 해외 주식을 1년 후에 매각한 뒤 손에 쥐는 돈(달러 등)이 은행에 갚아야 할 돈(달러 등)보다 작게 되는 경우에 그 부족한 금액만큼 은행에게 토해내야 한다는 의미다. 만일 원본 전체를 갚지 않으려면 다시 1년 또는 정해진 기간만큼 만기를 연장해도 되는데 이때에도 환율 변동에 대한 차액을 더 지불해야 할 수도 있다.

　결국 개인 입장에서는 장기 투자를 하는 경우 환율 변동에 크게 휘둘릴 수 밖엔 없어 상당히 큰 리스크에 노출되게 된다. 물론 환율이 유리하게 움직일 수도 있지만 실제 투자한 자산 가격과는 반대로 움직일 확률이 더 크기 때문에 주의가 필요하다. 거꾸로 말하면, 환율이 불리하게 움직일 때 자산가치는 반대로 유리하게 움직이는 경우가 더 많아서 서로 상쇄하는 경향이 있다. 그러나 반드시 그러한 것은 아니니 맹신할 내용이 아니다.

　참고로 대형 기관에서도 환율에 대해 헤지를 하기보다는 환

변동성을 그냥 노출시키는 전략을 가져가는 경우도 있다. 반드시 환 헤지가 정답은 아닌 점은 분명히 알아두자. 환 헤지는 사후 정산 개념으로 생각하는 것이 더 맞는 이해로 보여진다.

수수료

우리나라 주식 투자와 유사하게 해당 국가에서도 주식을 거래할 때 매수, 매도 시 각각 세금이 발생한다. 이 외에도 증권사에게 부담하는 매매수수료가 있으며 다음 표[xxv]를 참고하자.

증권사	온라인		오프라인	
	수수료(%)	최소수수료	수수료(%)	최소수수료
크레온	0.20	$10	0.50	$20
하나금융	0.20	$10	0.45	$20
한투	0.20	$5	0.45	$5
키움	0.25	$7	0.50	$100
대신	0.25	$10	0.50	$20
삼성	0.25	$10	0.50	$20
이베스트	0.25	$7	0.50	$7
미래에셋대우	0.25	$0	0.50	$20

참고로 해외 상장되어 있는 리츠를 국내 증시를 통해 투자할 수 있도록 만든 간접투자상품들이 다양하게 있으며 점차 늘어날 것으로 전망된다. 따라서 앞의 내용이 복잡해 보인다면 이러한 간접투자상품에 대해 관심을 갖는 것도 차선책으로

유효하다. 단, 수수료가 중복되고 거래량이 많지 않은 경우가 대부분이니 이 점을 염두에 두어야 할 것이다.

3. 계좌개설부터 리츠 투자까지, 따라해보기

이제부터 실제 리츠에 투자하는 방법을 차근차근 알아보기로 한다. 주식계좌를 처음 만드는 것부터 리츠를 직접 매입하는 것까지 각 단계별로 살펴보자.

계좌개설하기

증권사 객장에 직접 방문하지 않고도 증권계좌를 개설할 수 있다. 증권사마다 다른 프로그램을 사용하기 때문에 자신이 원하는 증권사를 검색해서 휴대폰에 어플리케이션을 다운받는다. 어떤 증권사는 계좌개설용 어플리케이션을 별도로 운영하는 경우도 있으니 참고하자.

준비물은 크게 필요 없다.

핸드폰과 신분증(주민등록증 또는 운전면허증)만 있으면 된다. 신분증은 핸드폰 안에 미리 사진 찍어 둔 것으로 대체가 되지 않고 실물로 직접 찍어야 한다. 그리고 중간에 계좌이체가 필요하니 자신 명의로 된 타 은행의 계좌이체도 가능해야 한다.

입력하는 단계가 많아 전체적으로 넉넉잡아 약 20~30분 정도는 소요되니 감안하도록 하자.

핸드폰으로만 계좌개설을 하는 것을 '비대면계좌개설'이라고 한다. 증권사에서는 고객 유치를 위해 여러 프로모션을 진행하는 것도 있으니 살펴보는 것도 좋을 것 같다. 예를 들어, 어느 증권사는 비대면계좌개설 후 주식 거래를 할 때 3만 원의 현금 지원을 해주는 경우도 있다.

아래는 어플리케이션 다운로드부터 계좌계설 마지막 단계까지 순서대로 정리한 것이다.
차근차근 따라서 하면 큰 어려움은 없다.

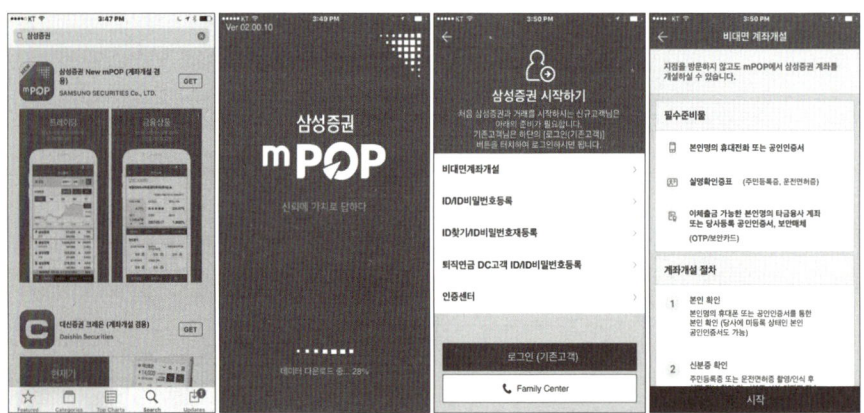

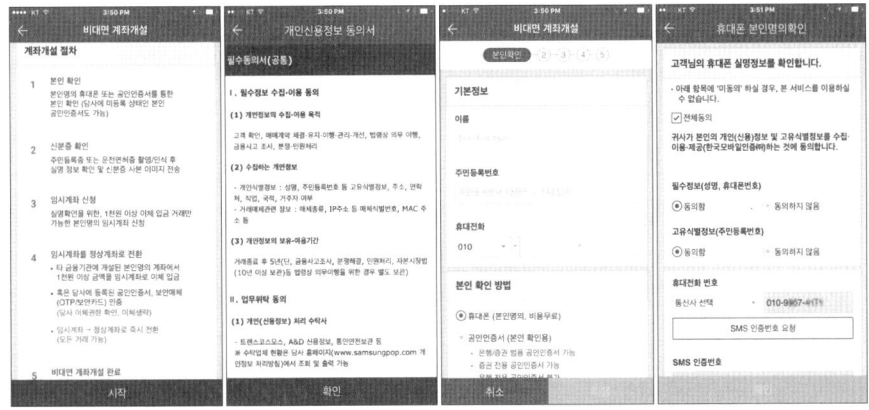

휴대전화번호는 나중에 꼭 필요하니 반드시 입력하자.

신분증을 직접 사진찍어야 한다. 핸드폰 안에 들어 있는 사진을 대신해서 불러올 수 없음에 유의하자.

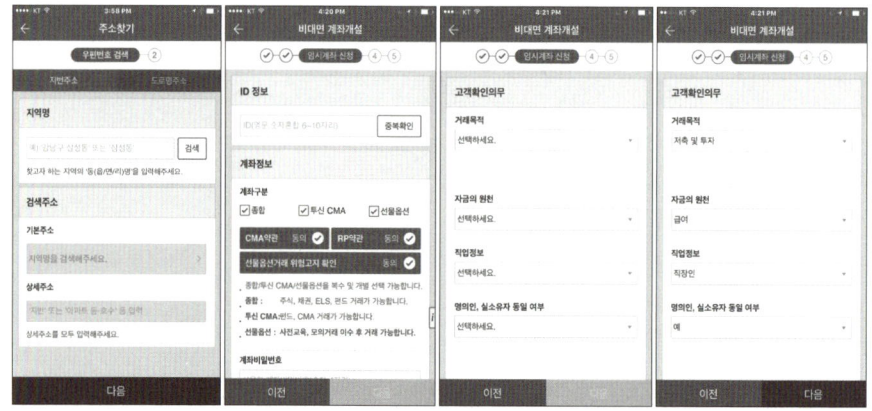

우편번호 및 주소 입력이 의외로 쉽지 않았는데, 약간의 안내가 필요하다.

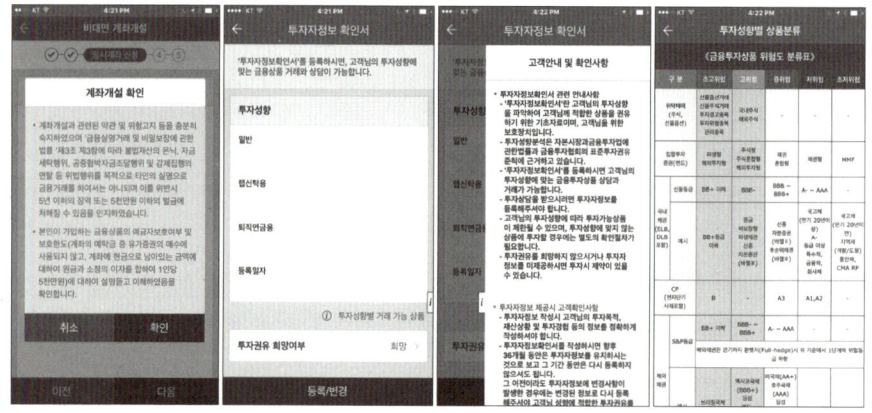

투자성향별 상품분류 내용은 꼭 살펴보자. 해외 주식거래는 고위험 상품군에 속하고 있음을 인지하고 있어야 하며, 이에 따라 설문 조사의 결과도 만족해야 한다.

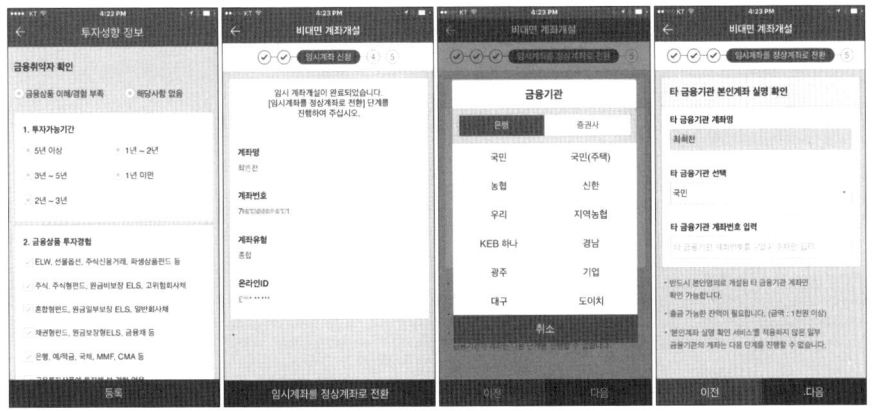

계좌개설의 거의 마지막 단계다. 타 금융기관에서 지금 막 만들어진 증권계좌에 1천 원 이상 이체를 해야 한다. 그런데 신기하게도 최근 핀테크를 이용한 이체, 예를 들어 토스(Toss)는 허용되지 않았다. 직접 인터넷뱅킹에 접속해 공인인증서를 통해 이체를 해야 하는 번거로움이 발생된다.

이체가 완료되었고, 계좌가 계설되었다.

계좌개설로 끝난 것은 아니고, 로그인 방법 설정단계가 더 남아 있다.

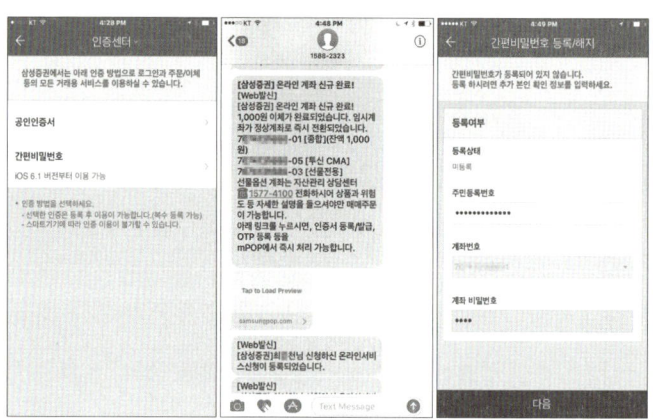

마지막으로 계좌개설 이후 로그인 방법을 결정해보자.

최근에는 공인인증서 이외에도 숫자로 구성된 간편비밀번호를 이용해 로그인 가능하도록 하고 있다. 어떤 증권사의 경우엔 간편비밀번호 로그인을 위한 별도의 어플리케이션을 설치 요청하는 곳도 있으니 참고하자.

간편비밀번호 입력을 위해선 지금 막 개설한 계좌번호를 직접 다시 입력해야 한다.

그런데 화면 어디에도 이를 알려주는 곳은 없다. 로그인이 안 되어 있으니 내 계좌번호를 알 수가 없는 것이 당연하다.

한참 찾다 보니, 개설된 계좌번호가 핸드폰에 문자로 남겨져 있는 것을 발견했다. 사실, 새로 생긴 계좌번호를 따로 적어 놓으라는 지시가 없어서 처음에는 찾느라 어려움을 겪었다. 당황하지 말고 문자메세지를 확인해보자.

이렇게 로그인 방법을 설정하는 것으로써 첫 계좌개설 절차가 모두 완료되었다.

참고로 다른 증권사의 계좌개설 방법을 간단히 소개한다. 메뉴 모습만 다르게 구성된 것 이외엔 먼저 설명한 방법과 거의 동일하다.

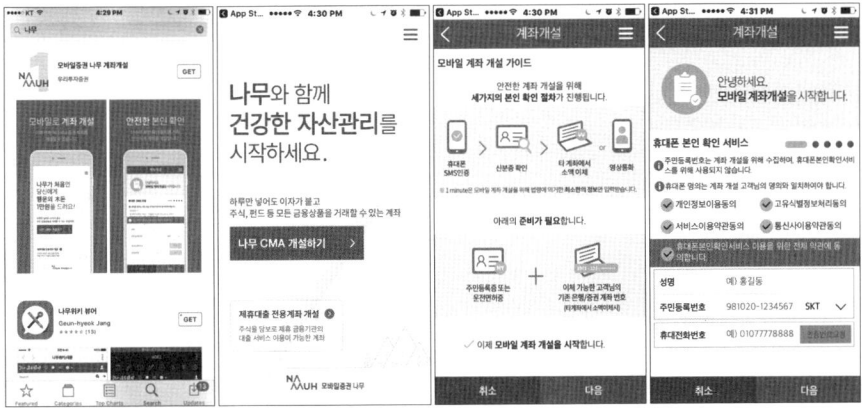

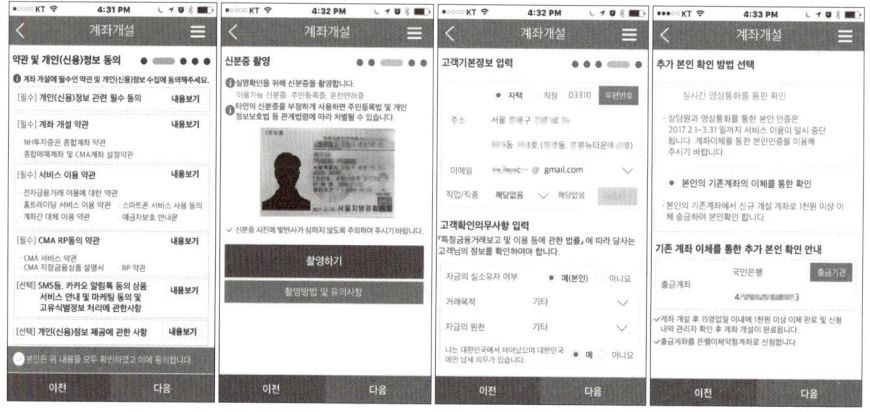
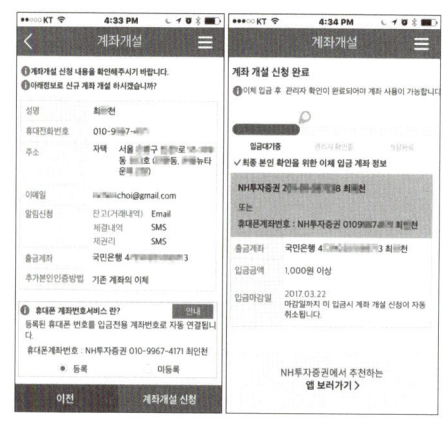

증권사 계좌 중 '비과세 해외주식투자전용펀드' 계좌라는 것이 있다. 증권사에 따라 별도의 계좌개설을 하는 경우도 있고, 기존 증권계좌에 등록절차만 더하는 경우도 있다. 2016년부터 2017년 말까지 2년간 한시적으로 계좌 개설이 가능하며, 개설일로부터 10년까지 유지된다.

장점은 해외 상장주식 투자 비중이 60% 이상인 펀드에 투자하는 경우 해외 주식 매매·평가 차익과 이에 따른 환차익에 대한 배당소득세에 비과세 혜택을 지원한다. 2016년부터 2017년까지 2년 동안 가입하는 투자자에 한해 1인당 3,000만 원 한도다.

그런데 문제는 해외 주식의 직접투자가 아닌, '국내'에 상장되어 있는 '펀드'를 매수해야 하며 그 펀드가 해외주식을 60% 이상 편입하고 있을 때만 비과세 혜택을 주는 것이다.

원래는 간접적으로 투자하는 주식형 펀드의 경우 국내 주식형 펀드에서 발생하는 수익에 대해서는 세금이 없지만, 해외 주식에 투자할 때 발생하는 매매·평가차익에 대해서는 15.4%의 세금이 부가된다. 이 15.4%의 세금을 10년간 비과세 해준다는 뜻이다.

그렇다면 이를 통해 해외 리츠에 재간접적으로 투자하는 것이 유리할까?

이 비과세 해외주식투자전용펀드에서 비과세 혜택을 받을 수 있는 국내 재간접 펀드 상품이 꽤 보인다. 그런데 문제는 연간 수수료가 1%를 훌쩍 넘는다는 점이다. 비과세 혜택으로 얻는 금액 대비 수수료를 감안하면 연간 약 10% 이하로 매각 차익이 발생하지 않으면 펀드 비용이 더 커지게 된다!

예를 들어 한번 계산해보자. 해외에 상장된 펀드를 직접 투자해 연 10%의 평가차익이 발생했을 때 세금은 10%의 15.4%, 즉 1.54% 만큼을 떼어 배당소득세로 원천징수한다. 그런데 이 계좌를 사용해 비과세를 받게 되고, 대신에 수수료를 1%를 내게 되면 0.54%(=1.54%-1.0%)만큼 절세를 통해 이득을 볼 수 있다. 그런데 고작 0.54%다. 즉, 수수료가 1.54%를 넘거나 평가차익이 매년 10%가 안 되는 경우엔 배보다 배꼽이 더 커진다.

그런데 국내 상장된 해외펀드가 해주는 역할이 충분하다면 수수료를 감내해서라도 투자할 만하다. 이미 해외 리츠의 경우엔 개별 주식을 모아서 만든 ETF상품이 충분히 많이 발달되어 있어 이것을 개인이 직접 매수하는 것과 국내 상장된 재간접 펀드를 통해 매수하는 것의 차이가 없게 된다.

다음은 비과세 해외주식투자전용펀드저축 계좌개설에 대해 단계를 살펴보자. 앞서 설명한 계좌 만드는 방법과 거의 동일하다.

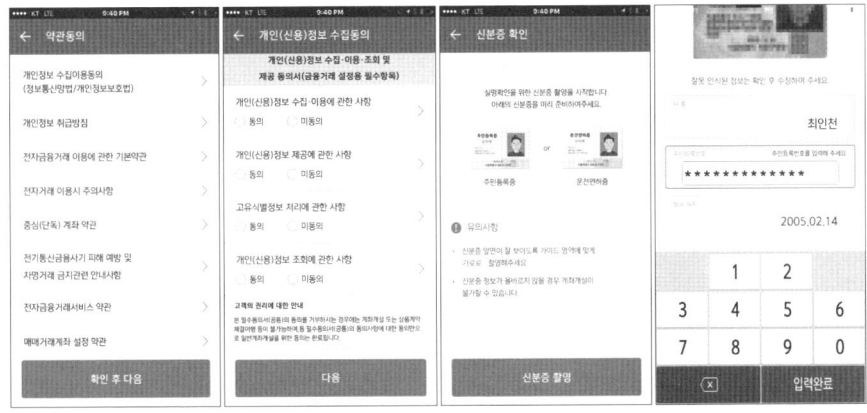

역시 신분증 촬영을 반드시 요청한다. 핸드폰에서 찍어 놓은 것을 활용할 수는 없다.

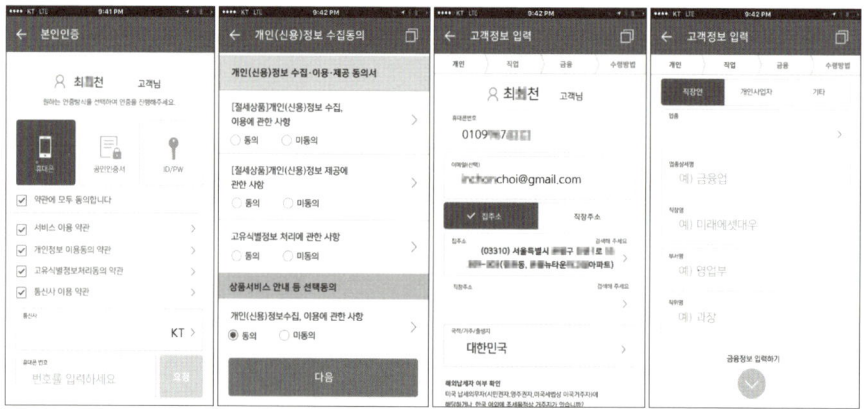
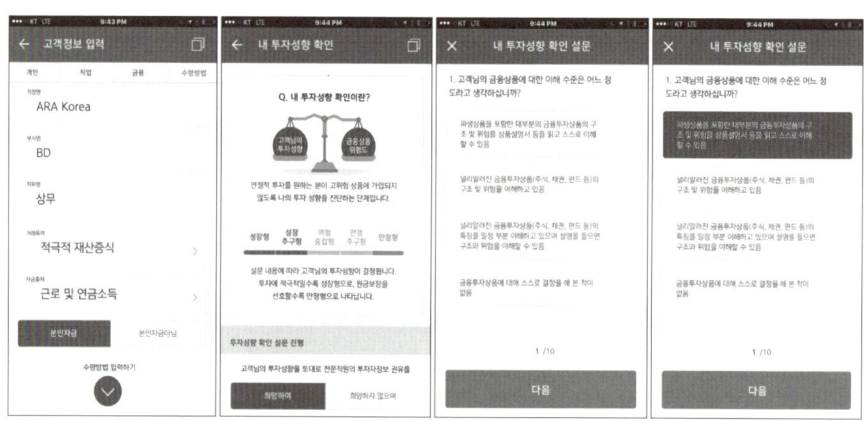
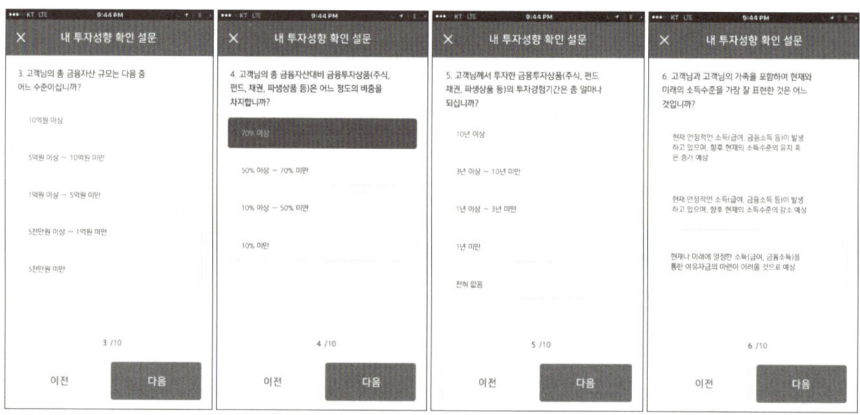

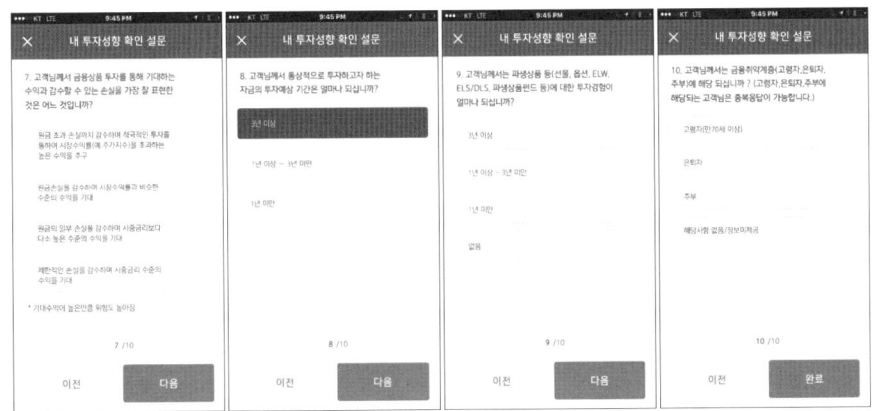

투자성향 확인 설문이 좀 더 보기 편하게 구성되어 있다.

해외주식투자전용펀드는 최대 금액 3천만 원까지만 설정할 수 있다.

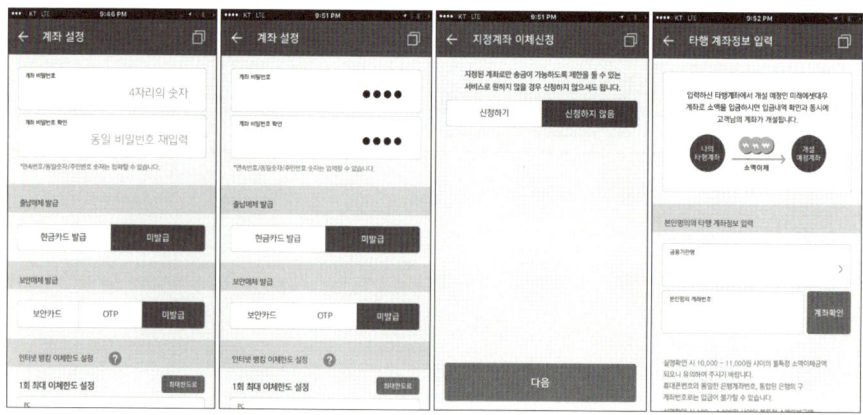

계좌개설이 완료되었다.

리츠 투자하기

계좌를 개설한 직후에는 당연히 투자할 돈이 입금되어 있지 않으므로 투자금을 입금해야 한다. 이 계좌에서 주식을 사고 팔게 되며 배당금도 동일한 계좌로 입금이 된다.

국내 리츠는 특별한 설명이 필요 없을 정도로 간단해, 여기에서는 직접 해외 리츠를 매수해보기로 하자.

계좌 개설하듯이 차근차근 따라하면 크게 어려울 것은 없다. 단지, 해외주식약정신청 절차 및 환전에 따른 수고로움 그리고 해외 종목 선택 정도만 더 추가되며 처음 결정해두면 나중에는 더 손이 가는 작업은 아니다.

먼저, 해외 주식 거래를 위해서는 별도의 해외주식약정신청을 해야 한다.

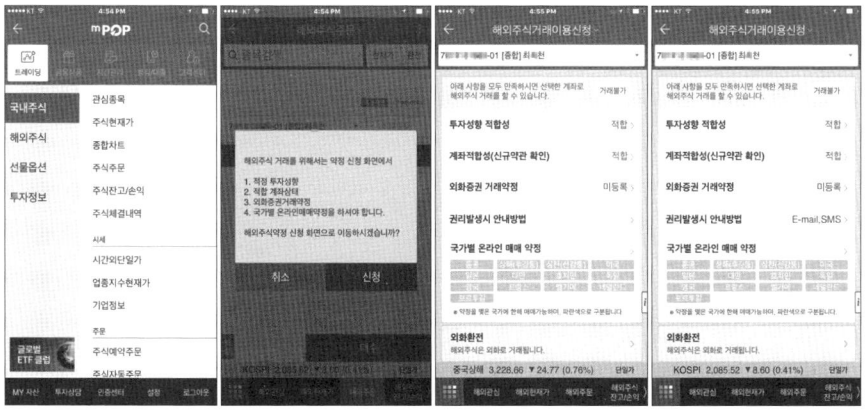

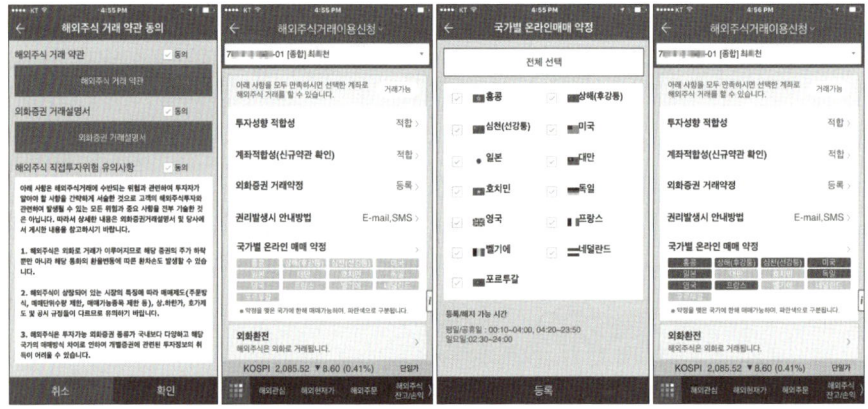

실시간 온라인 거래가 가능한 국가 중 선택할 수 있다.

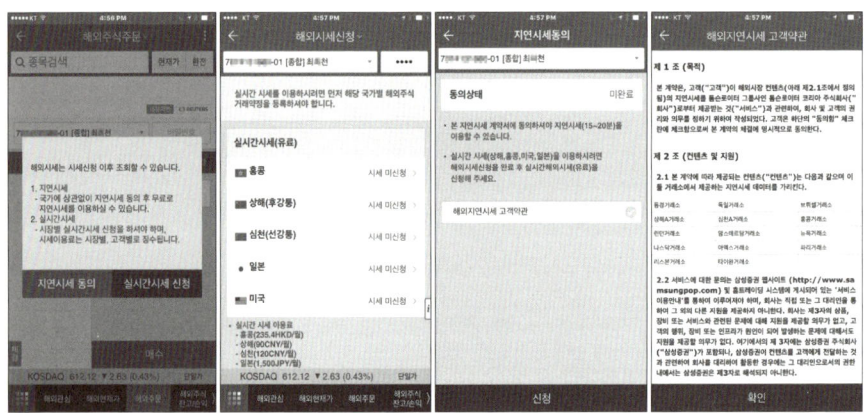

실시간 시세를 알기 위해선 월정액 약정을 별도로 체결해야 한다. 그렇지 않으면 지연된 시세로 제공된다. 일단 실시간 시세는 선택하지 않기로 하고 신청을 진행한다.

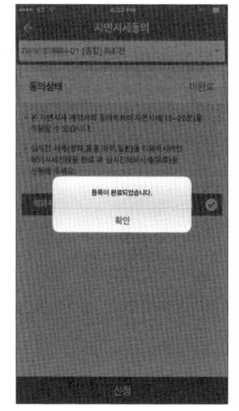

등록이 완료되었다.

해외 주식 거래 시 한가지 유의할 점이 있다.

증권 계좌에 원화가 아니라 해당 국가의 통화가 통장 계좌에 있어야 하는 점이다.

예를 들어, 미국 리츠를 매수하려면 달러를 이 계좌에 넣어 두어야 한다. 문제는 다른 은행에서 이 계좌로 직접 달러로 입금이 안 된다! 증권사 별도의 계좌가 있고 그 계좌로 외화를 입금한 후에 직접 전화 또는 지점 방문을 통해서만 내 계좌로 이체해달라고 요청해야 한다.

다른 방법으로는 내 통장에 있는 원화를 외화로 그대로 환전하는 법이 있다. 이 방법은 핸드폰만으로도 손쉽게 즉시 가능하다. 그렇지만 환전 수수료가 상당히 불리해, 타 은행 우대환율을 적용받아 귀찮더라도 이체하는 방법이 훨씬 유리하다. 많게는 약 1천만 원 환전 시 약 10만 원 정도의 환전금액 차이가 발생한다.

미국 리츠 ETF 주식을 매수해보기로 하자.
환전은 편의상 증권계좌에서 환전하는 것을 가정했다.

일단, 투자 대상의 선정이 필요하다. 각 증권사별로 해외 ETF는 물론 개별주식을 쉽게 검색할 수 있도록 되어 있으니 적극 활용하자. 미국 리츠 ETF상품 중 가장 대표적인 뱅가드 리츠 인덱스를 선택했으며, 주당 $85.4임을 알 수 있다.

매수하기 위해서 통장에 달러가 있어야 하는데, 아직 통장에는 원화만 이체되어 있는 상태다.

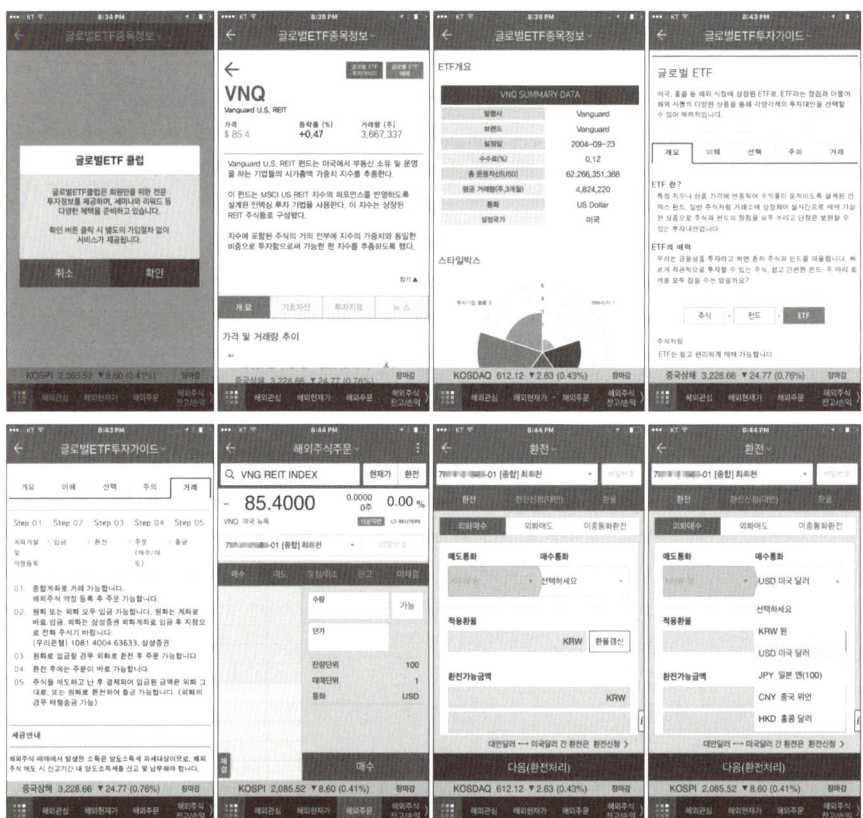

환전을 진행하는 모습이다. 영업시간 외의 환전에는 고시환율에 5%의 여유를 두고 환전처리를 한다. 실제 익일 환율로 환전 후 남는 금액은 재입금처리된다고 한다.

환전처리가 완료되었다.

이제 마지막 단계다. 직접 종목을 선정하고 해외 주식 매수 주문을 입력하는 모습이다.

매수단가 및 수량을 입력해야 한다.

그런데 아직 미국 시간은 개장 전으로서 실시간 거래가 안 된다. 이때에는 예약 매수 주문이 가능하다. 참고로, 미국 개장시간은 실시간 거래는 가능하나, 제공되는 시세는 15분 지연된 정보에 기초한다. 만일 실시간 시세가 필요하다면 월별 수수료를 내고 별도의 가입 신청을 해야 한다.

전일 종가로 예약매수 주문을 넣어놓고 기다렸다.

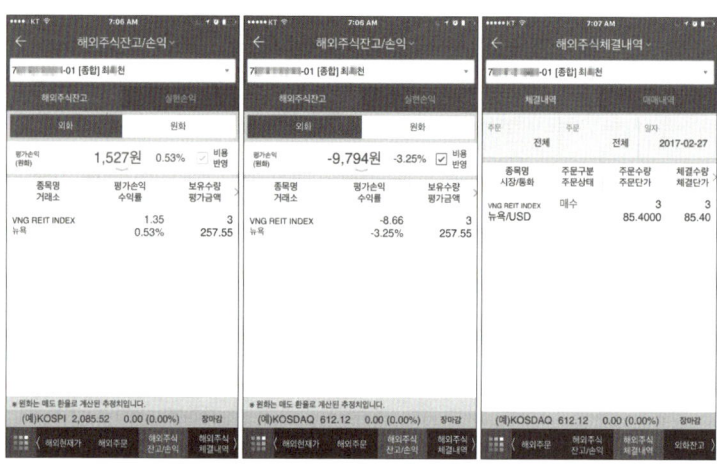

화면은 주문대로 거래가 체결된 결과다.

좌측 사진은 주문 체결 이후 0.53% 상승했음을 보여준다.

우측화면은 거래비용을 차감한 수익을 보여준다. 해외 주식 거래이다 보니 수수료가 상당히 많이 차감되고 있음을 알 수 있다.

4. 유사 상품에 속지말기

개인투자자에게는 제도권 내 상품과 그렇지 않은 유사상품을 구분하기 어려운 경우가 많다. 리츠는 당연히 제도권 내의 상품이다.

하지만 리츠라는 이름은 매우 범용적으로 사용된다. 예를 들어, 신문 광고 등을 보면 개인을 대상으로 한 아파트, 상가 분양 상품에 간혹 리츠라는 표현 나오는데 이는 실제 리츠와 관련성이 전혀 없다. 이 밖에도 리츠 명칭을 사용한 것은 이 책에서 설명한 리츠가 아닌 리츠가 되고 싶은 상품에 불과한 점을 잊어서는 안 된다.

개인이 투자할 수 있는 모든 상장리츠는 유가증권 시장, 즉 주식 시장에서 거래된다. 정확히는 '부동산 투자회사'라는 명칭을 사용한다.

또한, 최근 수년간 개인을 상대로 한 금융 시장이 급변하고 있는데 클라우드 펀딩, P2P 등이 생겨나고 있다. 이는 금융시장을 송두리째 바꿀 수 있는 환경변화로도 볼 수 있어 별도의 장에서 설명하고자 한다. 그런데 그 전에 주의할 것이 있다. 최근 개인 금융 시장 환경 변화와 별도로, 유사수신행위, 불법대출, 다단계, 폰지(Ponzi Scheme) 등의 금융사기는 줄곧 있어 왔으며 아마도 개인을 중심으로 한 금융환경 변화와 같이 움직일 것으로 우려되어 깊은 주의가 필요하다.

리츠는 개인에게 먼 미래를 설계할 수 있도록 하는 거의 유일한 장기성 투자상품이다.

물론 리츠 이외에도 주식, 채권 또는 펀드, 연금, 보험 등 수많은 투자 기회가 저마다의 장점을 부각시키며 나타날 것이다. 하지만 리츠를 장기로 투자하게 되면 다른 투자 상품보다도 우수한 결과를 보일 가능성이 매우 크다는 점을 잊지 말아야 한다. 좋은 리츠를 선별하고 투자하는 것에 대해 보다 관심을 높여야 한다.

《비하인드 스토리 – 싱가포르 썬텍리츠》

싱가포르 마리나베이에 위치한 썬텍시티(Suntec City)는 대형 오피스, 쇼핑몰 및 컨벤션을 갖추고 있습니다. 이는 서울 강남역에 위치한 코엑스와 상품구성이 유사합니다.

본 건 복합 개발이 완료된 이후 리츠를 상장시켜 개인투자자를 성공적으로 모집하였습니다. 이것이 싱가포르 부동산 시장을 대표하는 썬텍리츠(Suntec REIT)입니다.

2014년 상장 이후 안정적인 배당을 시현하고 있으며, 다른 우량 자산을 지속적으로 추가 편입하여 2016년 말 기준 총자산 약 7조 원이 넘는 초대형 리츠로 성장하였습니다.[xlvi)]

06

개인 은행의 시작
P2P대출과 크라우드펀딩

불과 몇 년 사이 핀테크,[74] P2P, 크라우드 펀딩 등 다양한 형태로 개인이 직접 금융 시장에 참여하는 방법이 나타나고 있다.

금융 시장 중 대출 시장은 은행과 보험회사 같은 금융회사의 전유물이었다. 이 시장에서 개인은 단지 금융의 소비자였을 뿐 공급자로 직접적으로 참여할 기회는 원천적으로 봉쇄되어 있었다. 그런데 휴대폰을 필두로 한 인터넷 기반의 변화로 인해 금융 시장의 패러다임 변화가 급속히 일어나고 있다.

---

[74] 금융(Financial)과 정보기술(Technology)의 합성어로, 인터넷·모바일 공간에서 결제·송금·이체, 인터넷 전문은행, 크라우드 펀딩 등 각종 금융서비스를 제공하는 산업을 뜻함.

개인투자자는 처음으로 금융의 거의 직접적인 공급자 역할을 할 수 있게 되었다.

이로 인해 기관회사가 독점해오던 이익을 개인도 향유하게 되고, 돈을 빌리는 입장에서도 기존보다 훨씬 다양한 방법으로 대출을 받을 수 있게 되었다. 그렇지만 새로운 세상이 열리는 만큼, 그 이면에는 새로운 사기 피해 등 개인투자자가 겪게 될 성장통 또한 피할 수 없을 것이다.

이 장에서는 왜 이렇게 시장의 움직임이 나타나게 되었으며 이런 현상을 어떻게 이해해야 하는지에 대한 설명을 담았다.

1. 크라우드펀딩 ABC

크라우드펀딩이란?

크라우드펀딩(Crowdfunding)이란 사업, 개인융자, 아이디어의 실현 등에 필요한 자금수요를 충족시키기 위한 자금의 모집을 온라인 플랫폼을 통해 다수의 개인 혹은 기관에서 조달하는 행위를 총칭하는 용어다.

최근 급속도로 번지고 있는 P2P대출도 크라우드펀딩의 한 종류다.

크라우드펀딩은 생각보다 오래 전부터 시작되었고 최근에야 대중에게 급속도로 퍼지고 있는 것으로 보인다. 이미 해외에선 P2P대출형 크라우드펀딩을 포함해 매우 큰 산업으로 성장 중이다. 다른 IT 분야와 달리 우리나라가 해외보다 몇 년 정도 늦게 시장이 활성화 되고 있는 점이 특징이라 할 수 있다.

현대적 관점의 크라우드펀딩 성공 사례는 1997년 영국에서 있었는데, 영국의 밴드 Marillion의 투어 자금을 인터넷을 통해 팬들로부터 받은 후원금으로 마련한 것이다. 이 방식에 영감을 받아 2000년대에 미국에서 최초의 전용 크라우드펀딩 플랫폼인 ArtistShare가 설립되었다.

한국에서는 2007년 P2P금융이라는 명칭으로 머니옥션이 최초로 런칭했으며, 2011년 이후 후원형, 기부형 크라우드펀딩이 본격적으로 등장하기 시작했고 2012년 대선에서 크라우드펀딩을 통한 선거캠페인 자금 모집 등이 이루어져 대중적인 관심을 끌었다. 이후 2016년 1월 '자본시장과 금융투자업에 관한 법률'의 개정 시행으로 크라우드펀딩 제도가 새롭게 도입되었다.

크라우드펀딩 연구 단체인 Massolution의 보고서에 따르면, 2010년 약 1조 원($880백만)이었던 시장규모가 빠르게 성장해 2013년 약 7조 원($6.1백만), 2014년 약 18조 원($16 billion), 2015년에는 39조 원($34백만)이 넘는 규모로 성장했다. 이는 벤쳐캐피탈(Venture Capital) 산업의 평균 34조 원($30백만)을 넘어서는 규모다.

크라우드펀딩의 종류

다음 자료[xxvii]의 크라우드펀딩 구분 중 최근 이슈가 되는 대출형(P2P, Peer-To-Peer Lending)과 지분투자형(Equity Crowdfunding)에 대해 간략히 특징만 살펴보기로 한다.

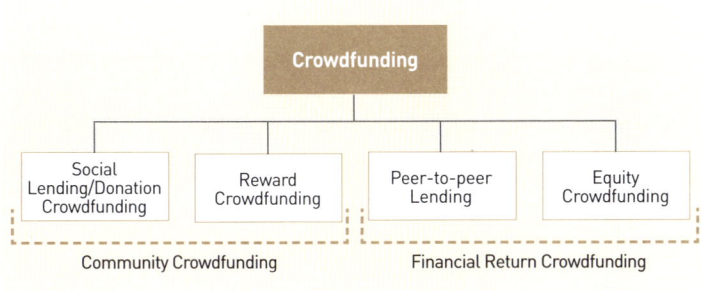

대출형(P2P, Peer-To-Peer Lending)

최근 가장 급속도로 커지고 있는 시장이다. P2P대출 투자로 일컬어지고 있다. 이는 온라인 플랫폼을 기반으로 차주(借主)와 대주(貸主)를 연결시켜 대출을 일으키는 것을 말한다. 책정되는 이자율은, 차주가 영위하는 사업의 리스크 정도에 따라 다르지만, 예금을 통해 얻을 수 있는 이율보다는 높고 일반 금융기관의 대출 이자율보다는 낮다.

지분투자형(Equity Crowdfunding)

투자자들이 온라인 플랫폼을 통해 사업에 투자해 주식 지분 획득을 목적으로 한다. 보통 사업 초기(Start-Up) 단계에서 자금을 대출 받을 수 없을 때 사용된다. 당연히 지분투자의 위험성이 높기 때문에 이의 부작용을 방지하기 위해 많은 규제가 적용되고 있다.

국내 크라우드 펀딩의 현주소

제도적 장치

2015년 7월 '자본시장과 금융투자업에 관한 법률'이 개정되어 증권형 크라우드펀딩 제도가 새롭게 도입되었으며, 투자중개업 유형의 하나로 온라인소액투자중개업[75]이 신설되었다.

크라우드펀딩을 이용할 수 있는 기업의 범위는 다음과 같다.
- ☑ 원칙적으로 업력 7년 이하의 창업 또는 중소기업
  예외적으로, '벤처기업육성에 관한 특별조치법'상 벤처기업, '중소기업 기술혁신 촉진법'상 기술혁신형 중소기업 또는 기존 사업과 회계를 분리하는 방식으로 신기술개발,

---

[75] 크라우드펀딩 중개를 담당함. 투자자로부터 온라인 펀딩포털을 통해 소액증권의 중개를 영업으로 하려는 자를 온라인소액투자중개업자라고 칭함. 기존의 인가가 필요한 '투자중개업자'와는 달리 자본금도 5억 원의 등록제로 진입규제가 비교적 낮다.

문화사업 등의 프로젝트 사업을 추진하는 '중소기업기본법'상 중소기업 경우에는 창업해 사업을 개시한 날로부터 7년이 넘은 경우에도 크라우드펀딩 이용 가능
- ☑ 주권상장법인 및 금융 및 보험업, 부동산업, 숙박 및 음식점업, 무도장운영업, 골프장 및 스키장운영업, 갬블링 및 베팅업 등은 제외

법에는 투자자 보호 장치로 다음과 같은 주요 내용을 담고 있다.
- ☑ 발행기업의 연간 발행한도 제한 : 기업당 과거 1년 동안의 합계액 기준 7억 원 한도
- ☑ 투자한도의 제한[76]

구분	연간 동일기업당 투자한도	연간 총 투자한도
일반투자자	200만 원	500만 원
소득요건 구비 투자자 (금융소득종합과세 대상자 등)	1,000만 원	2,000만 원
전문투자자 등	없음.	없음.

- ☑ 2차 투자자를 보호하기 위해 투자자간 전매를 1년간 제한
- ☑ 크라우드펀딩을 이용한 발행인, 대주주의 지분매각 1년간 제한

---

76) 자본시장법상 전문투자자(금융회사 등)에 더해 전문성, 위험감수능력을 갖춘 자를 추가로 규정(투자전문가, 개별법상 펀드, 적격 전문엔젤투자자 등)

- ☑ 모집 예정한 최소금액에 미달한 경우 증권 발행을 취소
- ☑ 중개업자의 고객재산 보관, 예탁 금지 : 청약증거금 별도 예치
- ☑ 중개업자의 중개증권 취득 및 투자자문 등 금지
- ☑ 중개업자의 펀딩포탈을 통해서만 광고할 수 있도록 광고방법 제한
- ☑ 온라인소액투자중개를 통한 증권발행방법 구체화

크라우드펀딩과 부동산

2017년 현재 '자본시장과 금융투자업에 관한 법률'에 따르면 부동산업은 크라우드펀딩을 이용할 수 있는 산업이 아니다.[77] 따라서 현재 진행되는 부동산을 대상으로 한 크라우드펀딩의 경우 대부업을 활용하고 있어 이에 따라 '대부업 등의 등록 및 금융이용자 보호에 관한 법률'을 적용받는 상황이다.

그러나 대출 내용을 보면 소규모 아파트, 빌라 신축사업 자금조달, 경락잔금대출 등 다양한 형태로 부동산에 깊숙이 참여하고 있다. 대출형 크라우드펀딩인 P2P 대출시장은 장을 바꾸어 더 살펴기로 한다.

---

[77] 임대주택 등 공익목적 사업으로 인정되는 경우 예외적으로 허용

2. P2P 대출의 ABC

대출형 크라우드펀딩을 P2P대출이라고 부르고 있다.

P2P란 Peer To Peer의 약자이고, 소비자와 공급자가 직접 거래하는 것을 뜻한다. 쉽게 말해, 각자 개인이 대출금을 십시일반(十匙一飯) 모아서 대출하는 것이다.

기존에는 은행에서 차주(借主, Borrower), 즉 돈을 빌리는 사람의 신용도, 사업내용 등을 심사해 대출 여부 및 이자율을 결정하고 대출을 실행한 후 이후 이자수납, 연체관리 및 채권추심까지 도맡아서 진행했다.

이것을 P2P업체의 온라인플랫폼을 통해 1) 차주는 대출을 신청하고 2) 여러 명의 개인은 차주의 대출 신청 내용을 각자 판단한 후 투자금액을 송금하면 3) 이를 모아서 P2P업체가 보유한 대부업체를 통해 차주에게 대출을 실행하는 것이 P2P대출의 큰 흐름이다.

즉, 은행의 대출 역할을 여러 명의 개인이 모여서 직접 실행하는 것과 거의 유사하다. 여기에서 동일하다고 하지 못하는 것은 중간에 대부업체가 끼기 때문이다. 개인투자자는 직접적인 대주가 아니다.

P2P 대출이 진행되는 개요는 다음과 같다.[xxviii]

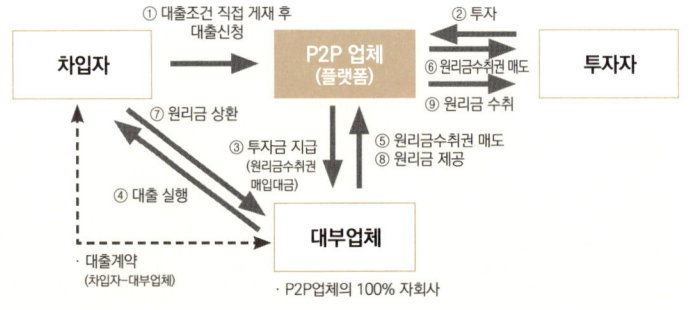

① 차입자는 P2P업체의 온라인 플랫폼에서 대출신청
② 투자자는 차입자 조건을 토대로 온라인 플랫폼에서 자금 투자
③ P2P업체는 모집된 자금을 자회사인 대부업체로 지급
④ 대부업체 대출 실행
⑤ 대부업체는 대출채권의 원금·이자를 수취할 권리를 투자자에게 매도
②~⑤까지 과정은 동시에 진행
⑦~⑨까지 차입자 원리금 상환에 따라 투자자는 수익 수취

참고로 P2P업체는 금융회사가 아닌, 차입자와 투자자간 정보를 온라인에서 중개하는 업자로 '온라인대출정보중개업자'로 부른다. 그리고, 온라인대출정보중개업자가 P2P대출을 실행하기 위하여 연계하는 대부업자를 '온라인대출정보연계대부업자'로 정의한다.

P2P 대출 시장은 '창의·혁신적인 업체의 진입을 통해 대출 서비스가 충분하지 못했던 부문까지 혜택을 확대하는 긍정적인 측면이 존재'한다.[xxix] 이를 정확히 보면 P2P대출로 이득을 보는 쪽은 돈이 필요한 소규모 개인 차주(借主)로 생각된다.

하지만 기존 제도권 아래에서 쌓여왔던 보호장치는 물론 경험까지 거의 활용되지 못한다는 것이 문제다. 즉, 개인투자자가 직접 대출 여부를 판단하고 그 위험을 고스란히 떠안는 것이 정말 개인투자자에게 유리한 것인지 그리고 사회적으로도 적절한 것인지 우려스럽다.

기존 은행권에서 진행하던 전문적인 노하우를 개인투자자가 알지 못한 채로 갑자기 새로운 대주(貸主, Lender), 즉 돈을 빌려주는 객체로서 등장하게 된 것에 대한 우려다. 예를 들어, 대출 위험과 그에 따른 대출 이자율은 적절한지, 대출 사후 관리 진행 및 그에 따른 비용은 누가 감내할 것인지, 중간에 투자한 개인이 파산, 유고 등으로 변경되었을 때 처리는 어떻게 되는 것인지 등에 대해 충분한 대비가 되고 있는지 의문이다.

가만히 생각해보면, 기존 은행의 자금 원천도 개인이기 때문에 기존에 실행해왔던 대출도 개인에게 위험이 있을 것이라고 생각할 수도 있다. 하지만 은행이라는 전문가 집단과 금융제도라는 규제 속에서 어느 정도 완충지대 역할을 해오고 있었다. 물론 이런 역할의 대가로서 엄청난 부를 은행권이 축적해 온 것도 사실이다.

이제는 개인 투자자에게 위험과 수익이 고스란히 모두 전가되는 시대가 도래하게 되었다.

국내 P2P 현황 [xxx]

'16년 말 대출잔액은 3,118억 원[78]으로 '15년 말 대비 거의 10배 가량 폭증하고 있다. 대출 내용은 사업자금 및 부동산담보 대출 위주로 급속히 성장하고 있으며, 대출잔액 기준으로, 신규업체 중 상위 4개 업체의 비중이 전체 P2P 대출잔액의 64%(463억 원)를 차지하고 있다.

[P2P 대출업체 대출유형]

(단위 : 억 원, 명, %)

구분	개인 신용대출	개인 담보대출	법인 신용대출	법인 담보대출	합계
대출잔액(%)	221.5(30.9)	139.2(19.4)	114.5(16.0)	241.3(33.7)	716.5(100)
대출자수(%)	2,704(84.8)	182(5.7)	215(6.7)	88(2.8)	3,189(100)

---

78) '15년 12월 350억 원 → '16년 3월 724억 원 → '16년 6월 1,129억 원 → '16년 12월 3,118억 원

해외 P2P 현황 [xxxi]

미국

P2P 대출잔액이 '14년말 약 6.3조 원($55억)에서 '15년말 약 13.8조 원($120억)으로 증가했다. 대표적인 P2P업체인 Lending Club에서 '16년 5월 대출실행을 위한 전제조건을 충족하지 못한 약 25조 원($2,200만) 규모의 대출을 중개하는 대출부정 사건이 발생한 점에 주목할 필요가 있다.

영국

P2P 대출잔액이 '14년말 약 1.8조 원($16억)에서 '15년말 약 4조 원($35억)으로 크게 증가했다. 전체 누적대출 약 7.5조 원($65억) 중 기업 대출이 약 4.3조 원($37억, 56.9%)로 기업 대출 비중이 지속 확대되는 추세다.

중국

P2P대출 잔액은 '15년말 약 76.7조 원($667억)으로 '14년말 약 18조 원($157억)에서 큰 폭 증가하고 있으며, P2P대출의 급성장 과정에서 업계 4위인 'e쭈바오'는 허위정보로 자금을 모집해 유용하는 등 불법행위로 적발되는 등 대출사기, 중개업체 도산, 고객정보 유출 등 각종 금융사고가 빈발하고 있다.

일본

'15년말 대출잔액은 약 5,700억 원($5억)으로, '14년말 약 3,300억 원($2.9억) 대비 증가 추세에 있으며, 은행으로부터 융자를 받지 못하는 벤처기업 등의 자금조달수단으로 이용이 확대되는 추세다.

3. P2P 대출의 급속한 성장 배경은?

2000년도를 전후해 초고속 인터넷이 모든 집에 보급되고 인터넷 쇼핑몰이 우후죽순 생겨났다. 다단계 쇼핑몰 사기[79]와 같은 일을 여러 차례 겪고 나서야 그나마 지금과 같은 인터넷 쇼핑 사업모델[80]이 정착될 수 있게 되었다.

한번 시작된 사회 변화를 거스르기는 불가능하다. 개인들이 은행이나 증권회사를 거치지 않고 직접금융 주체로 점차로 전면에 나서게 되는 것 또한 피할 수 없는 변화 중 하나로

---

79) 별첨 12 뉴스기사 - 400억 가로챈 인터넷 쇼핑몰 적발. 연합뉴스. 2016. 6.21.

80) ActiveX 또는 exe확장자를 가진 그 어떤 것을 매번 깔고 부팅과 로그인을 두어번쯤 해야만 인터넷 쇼핑을 할 수 있게 된 것은 제도적인 악영향이다. 역시 어느 정도의 규제가 적정한 것인지에 대해 고민도 필요해 보인다.

금융권은 직접 돈이 오고 가기 때문에 가장 높은 수준의 주의가 요구됨에도, 최근의 표준적인 쇼핑몰 수준보다 낮은 급으로 진행되는 것이 지금 초창기의 P2P, 크라우드일 가능성이 더욱 높다.

목도하게 될 것이다. 이 과정 중에 여러 가지 어려움을 겪으며 제도적으로 그리고 사회적으로 성숙될 수 있는 경험이 축적될 것이다.

일반 개인 입장에서는 이러한 변화를 추구하고 의도한 것은 아니었지만, 저성장으로 인해 고수익 투자처를 찾고자 하는 열망으로 인해 스마트폰의 변화까지 맞물려 만들어낸 상품이 크라우드펀딩이다.

스마트폰이 가져온 개인화

출퇴근 시간에 버스나 지하철을 둘러보자. 거의 모든 사람이 예외 없이 스마트폰에 말 그대로 빠져서 손안의 작은 창을 통해 '자신'만의 세상을 살피는 데 정신이 없다.

개인의 스마트폰을 통해 들어오는 정보는 그 전의 매스미디어를 통해 들어오던 일반적이고 대중성있는 정보와 다르게 상당히 개인의 주관 및 성향에 따라 편향되어 제공되는 특징을 지닌다. 그로 인해 흥미가 떨어지는 내용에 대한 정보는 사전에 차단되어 생각될 기회조차 갖지 못한다.

예전에는 개인적으로 흥미 없고 어려운 경제 이야기라 하더라도 어느 정도의 비중으로 대중적인 소통 채널을 통해 피할 수 없이 듣게 되고 이해까지는 아니더라도 좀 더 넓은 사고를 할 기회는 있었다. 적어도 내가 이해를 다 못했다 하더라도 주변의 친구들과 이야기를 하게 되면 그 중에 한둘은 나보다 나은 이해를 통해 지적해줄 수 있었으니 말이다.

친구들이 속해 있는 준거집단은 개인의 취미 내지는 관심사가 매우 닮아 있게 되는데, 이들 모두가 자신이 선택한 편집된 정보만을 접하다 보니 전체적인 사회 현상에 대한 이해가 편향되거나 심지어는 어느 관심 없는 특정 분야에 대해서는 획일적이고 극단적으로 낮아질 수밖에 없게 된다. 이는 소통의 범주가 제한적인 개인에게 특히 더욱 위험하게 발생될 수 있는 가능성이 높으며 사회 현상으로서 문제[81]가 반복되어 나타날 가능성이 높다.

스마트폰의 개인화가 가져온 또 다른 현상은 직접민주화의 가속, 탈(脫)제도화다.

스마트폰을 통해 '표면적으로는' 상당한 내용을 갖춘 정보를 쉽게 주고 받을 수 있게 되었으며, 개인은 자신이 이러한 정보에 대해 직접적인 행동을 쉽게 행사할 수 있게 되었다.

이런 변화는 개인이 단순히 댓글을 달고 '좋아요'를 클릭하는 것을 넘어서서 개인방송, 우버택시, 쿠팡과 같이 신사업 분야를 창출하고 있으며 이는 수십 년 이상 지속되어 온 기존 시스템을 송두리째 흔들고 있다.

---

81) 별첨 11 뉴스기사 - 400명 여대생 울린 대출사기 … 30대 주식투자동아리 대표 입건. 연합뉴스. 2017.1.7.

지금 개인들은 스마트폰을 통해 자신의 손안으로 기존 권력이 이양되었음을 맛본 첫 세대다.

금융의 객체에서 주체로 변신 중인 개인

변화의 물결은 가장 보수적이고 제도화된 금융부분에도 핀테크, P2P(Peer To Peer) 금융, 크라우드펀딩(Crowdfunding)과 같은 모습으로 예외 없이 몰아치고 있다.[82]

이 중에서 왜 개인들이 직접금융 시장의 소비자가 아니라 공급자의 지위에서 참여하고자 하는지 살펴봐야 할 필요가 있다. 그래야만 지금 막 태동하기 시작한 새로운 분야가 나아갈 방향을 대략이나마 짐작할 수 있기 때문이다.

금융에서 새로운 변화의 물결이 나타나는 원인을 두고 IT 기술의 발달에서 쉽게 찾는 것은 잘못된 것일 가능성이 매우 높다. 왜냐하면, 원래 기존 제도권에서 요구하는 IT 기준은 훨씬 정교하고 높기 때문이다. 크라우드펀딩과 같이 새롭게 나타나고 있는 분야의 IT 수준[83]은 오히려 기존 제도에서 요구되는 그것보다 훨씬 낮은 레벨로 구현하고 있는 것이 대부분이다.

---

[82] 별첨 14 뉴스기사 - 희망퇴직 떠밀리는 은행원들. 조선비즈. 2016. 12.2
[83] IT수준에만 국한할 것이 아니라, 담보권 설정 등 기초적인 권원확보 및 실행 경험까지도 마찬가지로 적용될 수 있다.

앞서 살펴본 것처럼 지금 살고 있는 스마트폰세대는 그 소비자의 나이가 많건 적건 간에 모두 처음 겪어보는 첫 세대다. 손안의 스마트폰에서 전해져오는 정보는 아마도 그들이 기존에 알고 있던 세상에서 찾을 수 있는 것보다 내용도 깊은 것이 일반적이다. 또한 자신이 취사선택한 정보라는 짜릿함까지 더해져 그 효과는 더욱 증폭되고 주변의 준거집단과도 즉시 그리고 별다른 '비판없이' 공유되기 쉽다. 자신의 판단에 따라 직접 정보를 취사선택하는 것이 당연시 여겨지는 개인에게는 기존 사회 시스템에 대한 의존도를 낮추고 새로운 패러다임에 대해 보다 적극적으로 대응하는 행태를 쉽게 가져갈 수 있게 한다.

여기서 경계해야 할 점은, 자신이 심지어 잘 알지 못하는 분야에 대해서도 근거 없는 자신감으로까지 확대 재생산될 가능성이 매우 높다는 점[84]이다. 오히려 본질에서 벗어나 스마트폰을 통해 기존에 남들이 잘 하지 못했던 일까지 척척(!) 해내고 있다는 착각마저 빠져 들게 한다.

예를 들어, 지하철에서 내리자마자 한 번도 만난 적 없는 모르는 사람에게 100만 원을 12% 이자로 덥석 빌려줄 수 있도

---

84) 앞서 살펴본 것처럼 준거집단에서도 이를 비평하거나 검증할 수 있는 기회는 예전 사회보다 낮아지고 있다.

록 해주는 것이 P2P의 마법이다. 만일, P2P와 손에 있는 스마트폰을 배제하고서, 실제 핵심이 되는 거래 내용만을 가지고 기존 방법과 같이 만나서 설득하려 한다면 거의 실현 불가능한 사업모델이 될 것이다.

다른 예로, 길가에 놓여있는 컨테이너 분양사무실과 같이 차려놓고 직접 만나서 상세히 설명한다고 가정해보자. 이를 쉽게 귀담아 들을 사람조차 거의 없을 뿐더러, 이를 통해 대출을 했다 하더라도 자랑거리보다는 위험한 사기 거래에 연류된 것 아니냐는 지인들의 잔소리에 끊임없이 시달리는 것이 당연한 귀결이 될 것이다.

그런데 이것보다 더 중요한 것은 P2P회사 자체는 물론 제공되는 어떤 정보도 자신의 손바닥 위에서 눈으로 본 것 이외에 어느 것도 제대로 직접 확인 및 검증된 것이 없다는 점이다.

4. 경고, 그리고 미래

최근 들어 크라우드펀딩의 힘은 사회 곳곳에서 감지되고 있다. 다세대주택, 소규모 상가 심지어는 중고차 대출까지 제도권의 금융 시장이 미치기 어려운 곳까지도 개인들의 자금을 모아 손쉽게 투자되고 있다. 그러나 매우 조심해야 한다. 비제도권 아래에 있는 금융 시장은 작은 자본금, 투자 사후 관리, 연체 관리 등 투자자 보호 측면에서 제도권 아래에 있는 금융 시장 대비 매우 부족할 수밖에 없다. 따라서 가벼운 외부 충격에도 쉽게 무너질 수 있으며 이는 바로 투자자의 손실로 직결될 것이다.

불안한 요소들

현재 크라우드펀딩의 내용을 살펴보면 지분 투자는 거의 불가능하고 대부분 간접적인 대출을 이용해 이뤄지고 있다. 그런데 문제는 일반 개인투자자가 대출에 대한 직접적인 대주(貸主)로서의 권원확보가 제대로 되어 있지 못하다는 점이다.

차주측의 채무불이행 시 투자자가 담보권 실행을 직접하기 어려운 것은 물론이고, 중간에 금융 중개를 담당하는 크라우딩펀딩플렛폼이 부도 또는 경영상 문제가 발생하는 경우 그 피해 또한 개인투자자가 그대로 떠안을 수밖에 없다.

예를 들어, 담보 확보를 위해 분리구좌(아마도 에스크로우를 의미한 것으로 보임), 공증, 익명조합, 수익권증서 등의 다양한 방법을 사용하고 있으나, 여전히 직접적인 투자자의 채권 실행 방안이 명확하게 규정된 것은 찾기 어렵다. 또한 가장 근간이 되는 원리금수취권이라는 것 또한 법규에 의해 규정된 내용이 아닌 단지 크라우드플렛폼과 대부업체 사이의 사적(私的) 계약에 불과한 점도 우려되는 것 중 하나다. 특히 크라우드플렛폼과 대부업체는 거의 같은 회사로 봐도 무방한 지분구조를 갖고 있는 점에 주목할 필요가 있다.

물론 이러한 구조적인 문제는 차츰 여러 단계를 거쳐 수정보완 되어질 것으로 보이나, 사고 발생 가능성도 배제하기 어려운 것으로 우려된다.

크라우드펀딩의 주요 대상이 되는 것은 역시 부동산이다.

부동산이 국가경제에서 차지하는 비중이 가장 큰 것도 원인이겠으나, 부동산이라는 현물(現物)이 있으며, 개인 누구도 주식·채권보다 훨씬 잘 알고 있다는 믿음 때문에 더욱 쉽게 접근이 가능한 이유이기도 한 것 같다.

주로 아파트/연립주택/근린상가 등 개발사업 대출이 절반을 넘어 거의 2/3를 차지하고 있다. 그만큼 다수이면서 소규모투자가 이뤄질 수 있다는 점이기도 하지만, 일반 개인투자자 입장에서는 '나 역시도 그 정도는 알 것 같다'는 믿음이 상당 부분 깔려 있는 것으로 보인다.

문제는 대출이 실행되는 부동산이 소규모 고위험인데다가 이런 위험을 적절히 컨트롤 할 수 있을 만한 담당자, 제도 등이 뒷받침 되지 못하고 있어, 향후 문제화 될 가능성은 매우 높은 상태라고 생각된다. 또한, 최근 유사수신행위[85]가 대폭 증가추세에 있는 것을 보면 안밖으로 모두 위험 수위가 높아지고 있는 것으로 느껴진다.

[유사수신 혐의업체 신고접수 및 수사의뢰 건수]xxxii)

구분	'12년	'13년	'14년	'15년	'15.7월말	'16.7월말
신고접수	181	83	133	253	124	348
수사의뢰	65	108	115	110	42	80

개인 금융의 미래

한편, P2P대출을 자동으로 해주는 미국의 한 스타트업에서는 헤지펀드 운영 봇(Bot)[86]을 출시한다는 소식이 들린다.xxxiii) 이는 사람이 투자하는 것보다 미리 시뮬레이션 된 프로그램이 성과가 더 좋을 것이라는 믿음에 기초하고 있다. 컴퓨터 환경의 발달로 인해 점차 그 폭과 내용도 발전하고 있다. 실제로도 미국의 투자은행 중 하나인 골드만삭스의 경우도 직원의 1/3 이상이 이미 IT전문가로 채워지고 있는 것을 보면 금융 시장에서도 컴퓨터의 힘을 거스르기 어려워 보인다.[87]

---

85) 금융회사 아닌 자가 고수익 보장을 약속하면서 온·오프라인에서 불특정 다수인으로부터 자금을 모집해 피해를 유발하는 불법 사금융행위
86) 봇(Bot)은 인터넷상에서 자동화된 작업(스크립트)를 실행하는 응용 소프트웨어다.
87) 별첨 17 뉴스기사 - IT기업된 골드만삭스. 이코노미조선. 2017.2.22/별첨 18 뉴스기사 - 골드만삭스, 온라인 대출 놓고 핀테크 업체와 격돌. ZDNet Korea. 2016.10.14.

하지만 사람이 갖고 있는 오류, 공포, 편견, 감정 등을 배제한 알고리즘만으로 투자하는 것이 시장에서 초과수익을 반드시 가져다주는 것은 아님은 증명된 사실이다.

즉, 일정 기간 동안 초과수익을 거두는 것처럼 보이더라도 그것이 장기적으로 유지되기는 거의 불가능한데, 기존 시장에 이기도록 프로그래밍 된 것이 과거 데이터에 의존하고 있기 때문이고 미래를 100% 예측하기란 불가능하기 때문이다. 만일 이미 성공했다면 모든 투자 전문가는 컴퓨터로 이미 대체 되었을 것이다.

기계학습을 통해 가입자의 리스크 성향에 맞추어 자본시장에 채권부터 대체투자까지 자동 분산투자를 하는 서비스이고, 운영자에 의한 임의 조작이 불가능하도록 하는 블록체인 기술[88])을 통해 투자 성과를 투명하게 공개한다고 한다.

사실 로보어드바이져(Robo-Advisor)라고 자산배분을 자동으로 해주는 인터넷 기반의 자산관리 서비스가 새로 생겨나고 있다. '로보어드바이저(Robo-Advisor)'는 로봇(Robot)과

---

88) 블록체인(Block Chain)은 분산 데이터베이스의 한 형태로, 지속적으로 성장하는 데이터 기록 리스트로써 분산 노드의 운영자에 의한 임의 조작이 불가능하도록 고안되었다. 잘 알려진 블록체인의 응용사례는 암호화폐의 거래과정을 기록하는 탈중앙화된 전자장부로서 비트코인이 있다. 이 거래 기록은 의무적으로 암호화되고 블록체인 소프트웨어를 실행하는 컴퓨터상에서 운영된다. 비트코인을 비롯한 대부분의 암호화폐들이 블록체인 기술 형태에 기반하고 있다.

투자전문가(Advisor)의 합성어다.

　인터넷 기반의 서비스이기 때문에 물리적인 객장이 없이도 투자자를 모집할 수 있는 장점이 있으며 자산배분을 개인 투자성향에 맞추어 자동으로 해주는 서비스를 제공함으로써 보다 낮은 관리비용으로 운영할 수 있다. 여기에는 반드시 알고리즘이 복잡하거나 빅데이타를 이용해야 하는 것은 아니다. 오히려 자동화된 많은 개인에게 몇 가지의 자산배분 툴을 일괄 제공함으로써 얻게 되는 규모의 경제가 핵심 역량으로 보여진다.

　P2P대출 및 크라우드펀딩의 위험 요소를 컴퓨터를 이용해 효과적으로 회피하고 있는 것으로 보이며, 한 단계 더 나아가 개인의 리스크 성향에 맞추어 자산관리 서비스까지 제공한다는 점에서 상당히 인상적이다. 국경이 없는 인터넷 환경에서 개인 금융 시장도 예외일 수는 없을 것이기에 향후 상당히 큰 변화가 있을 것으로 예상된다.

　지금처럼 수작업으로 진행되는 P2P대출플랫폼은 컴퓨터 기반의 대형화된 업체에게 흡수되거나 없어질 가능성이 크다. 금융업이란 규모성이 뒷받침 되지 못하면 유지되기 어려운 산업이기 때문이다. 이런 추세가 지속될 것이기에, 금융업 종사자의 숫자가 줄어들고, 줄어든 금융업 종사자보다 작은 숫자이긴 하겠지만 IT인력의 수요는 증가할 것이다. 만일 금융업에서 일하는 IT인력까지 금융업에 포함한다면 전체 금융업 종사자는 당연히 줄어든 것으로 보여질 것이다. 미국의 대형 투자은행인 골드만삭스의 로이드 블랭크파인 회장 또한 '골드만삭스는 IT회사'라고 선언한 것[89]이 의미심장하다.

사회변화를 제도가 먼저 앞서서 제단하고 컨트롤하기란 어렵다. 개인투자자의 사회적 요구에 부응하기 위해 기존 제도를 충분히 활용한 공모리츠 활성화 등을 통해 개인들의 건전한 투자 수요를 충분히 흡수해야 할 것이다.

---

89) 별첨 17 뉴스기사 - IT기업된 골드만삭스. 이코노미조선. 2017.2.22

〈비하인드 스토리 - 서울스퀘어〉
서울역에 도착하신다면 바로 앞에 위치한 서울스퀘어가 서울의 첫 이미지가 될 수 있습니다.
2008년 리모델링 당시 단조롭고 거대한 입면의 부담감을 최대한 완화하고자 '서울의 얼굴을 돌려주자'는 기획 하에 건물 입면에 LED 6만개를 심어 가로 폭 99m의 미디어캔버스를 완성하게 되었습니다.
저녁 무렵부터 매 시각 약 10~15분 가량 다양한 비디오아트를 선보이고 있습니다.

07

한눈에 보는
Q&A

|

이 장부터는 앞서 본문에서 이야기 한 내용을 질문과 답의 형식을 빌려 간략히 설명코자 합니다. 마치 직접 대면해 이야기하고 있다고 생각하시면 편할 것 같습니다. 이에 따라 기술하는 형식도 구어체로 바꾸었습니다.

1. 왜 부동산에 투자할까요?

경험도 말해주고 있습니다. 주식, 채권으로 돈을 벌었다는 사람 많이 보셨는지요? 아마 그렇지 않을 것입니다.

몇몇 운이 좋은 그리고 정말 실력이 뛰어난 사람 말고는 흔치 않습니다. 반면, 부동산으로는 어디 투자해서 좀 벌었다는 이야기가 더 많이 들립니다. 사실, 우리나라 자산가(資産家)의 자본 축적 사유를 보면 상속 다음으로 많은 것이 부동산 투자입니다.xxxiv) 지금까지 부동산 투자 방법으로는 직접 매수하는 것이 거의 전부였습니다. 하지만 앞으로는 리츠 또는 펀드 등의 간접투자기구를 이용해 보다 다양해질 것입니다.

그런데 이는 개인투자자에게만 해당되는 내용은 아닙니다. 큰돈을 운용하는 굴지의 기관투자자들도 부동산을 포함한 대체투자(Alternative Investment)에 열을 올리고 있습니다. 그 이유는 부동산 투자가 리스크 대비 수익이 주식과 채권과 같은 전통투자(Traditional Investment) 대비 좋다고 판단되기 때문입니다.

개인이 앞으로 관심을 갖고 투자해야 하는 부동산 분야는 일정한 수익이 꾸준히 나올 것으로 예상되는 수익형 부동산입니다. 투자자뿐 아니라 공급자 측면에서도 개인투자자의 낮은 요구수익률을 활용한 부동산 투자 상품은 계속 개발되어 시장에 소개될 것으로 예상됩니다.

2. 오피스텔이나 경매에 직접 투자하는 것이 유리하지 않을까요?

개인이 부동산에 직접 투자한다고 할 때 가장 많이 생각할 수 있는 상품은 오피스텔 투자와 경매일 것입니다.

가장 큰 이유는 수천만 원에서 많게는 수억 원 정도의 투자금으로도 충분히 시작할 수 있기 때문일 것입니다. 그런데 결과는 어떠한지요? 투자처를 찾기도 쉽지도 않을뿐더러 이후에 관리 또한 상당히 품이 들어가야 합니다. 또한 수익률조차 엄청나게 높지도 않고 시장상황에 따라 자칫 투자 원금 손실 가능성도 꽤 높습니다.

오피스텔 투자 수익률은 4% 중후반에서 높아야 5% 초반 정도이고, 이 수익률이라는 것도 일년 내내 공실이 하나도 없고 시설 유지보수, 중개수수료, 재산세 등이 고려되지 않았을 때의 수익률입니다. 따라서 집주인의 손에 거둬지는 수익을 계산하면 더 낮아짐이 일반적입니다. 경매는 권리분석이 가장 중요한데 발품을 팔지 않으면 모든 것을 알기 어렵고, 관련 지식 및 경험이 없는 경우엔 더욱 쉽지 않습니다.

물론 개인투자자자도 오피스텔, 소형 아파트, 빌라 투자에서도 나름의 수익을 낼 수 있겠지만 문제는 높은 기대수익률만큼 변동성, 즉 원금 손실 가능성도 같이 높아진다는 것입니다.

수익성도 있으면서 변동성이 낮은 상품은 대형 우량 수익형 부동산입니다.

쉽게 말해 도심 내 대형 오피스 등입니다. 그런데 이런 물건은 수천억 원이 쉽게 넘어가기 때문에 투자 가능한 것은 몇몇 대형 기관투자자밖엔 없었습니다. 그런데 이제 리츠를 통해서 개인도 커피한잔 값으로도 투자가능하게 된 것입니다.

사실 과거에는 기업에서도 부동산 투자를 직접 했습니다.
그러나 최근에는 부동산을 직접 매입하는 것보다 간접투자 상품으로 투자하는 사례가 훨씬 많아지고 있습니다.
그 이유는 직접투자하는 것보다 재산세 등 세제혜택은 물론 매입 후 운영, 매각 등 일련의 수고로움을 크게 덜 수 있을 뿐 아니라 전문가의 도움을 받을 수 있기 때문입니다. 또한 간접투자상품은 여러 개의 자산을 한꺼번에 운영할 수 있기 때문에, 분산효과도 쉽게 거둘 수 있습니다. 한두 개의 물건은 직접 검토할 수 있겠지만 여러 지역에 걸쳐 있는 자산의 경우 모두 검토하고 결정하는 것이 쉬운 일이 아닙니다.

따라서 거의 대부분의 개인에게는 오피스텔 또는 경매 등의 직접투자보다도 리츠 등 간접투자가 더 낫다고 말할 수 있겠습니다.

3. 리츠가 무엇인지요?

상업용 부동산을 보유한 상장 주식회사입니다.

정확히 '리츠'는 영문으로 'Real Estate Trust Investment'의 약자로 REIT라고 적은 것이며, 국문으로 '부동산 투자회사'라고 합니다.

이와 유사한 명칭을 갖고 있는 것으로는 신탁회사, 부동산 펀드, 부동산 투자신탁 등이 있지만, 모두 리츠와는 다른 내용입니다.

리츠는 여러분이 일반적으로 알고 있는 상장주식 중에서 배당주와 매우 유사합니다.

다른 상장주식과 달리 주가변화가 크지 않은 것이 일반적이고, 6개월에 한번씩 은행이자보다 훨씬 높은 배당수익을 안정적으로 가져갈 수 있는 특장점이 있습니다.

또한 시장 이자율보다 높은 안정적인 장기 투자처를 제공할 수 있기 때문에, 개인의 퇴직금 또는 연금 성격의 대규모 장기 투자에 적합한 투자 상품입니다.

아직은 상장된 리츠가 많지 않아서 개인이 접할 기회가 많지 않았던 것이 사실입니다.

참고로, 증시에 상장되지 않더라도 '부동산 투자회사', 즉 '리츠'라는 이름을 붙일 수도 있지만, 상장 전에는 개인이 투자할 수 없기 때문에 엄격한 의미의 리츠로 보기 어렵습니다. 비상장리츠는 몇몇 소수의 기관투자자로만 구성된 부동산 간접투자기구로써 다수의 개인이 투자하는 상장리츠와는 분명히 구분되어 이해해야 합니다.

리츠를 규제하는 부동산 투자회사법에서는 상장과 비상장을 구분하지 않고 모두 부동산 투자회사라는 명칭을 사용하게끔 허용하고 있으며, 단지 주식의 일정비율(예 : 30%) 이상을 상장하거나 이미 개인투자자들에게 충분히 분산된 것과 같은 효과를 가진 연기금의 투자를 의무화 하고 있습니다.

주의해야 할 것이 부동산 투자신탁은 펀드라는 점입니다.

리츠의 영문표현을 그대로 국문으로 옮기면 투자신탁(Investment Trust)이 되지만 신탁을 이용한 것은 펀드입니다. 또한 유사한 명칭을 갖고 있는 부동산 신탁사는 리츠도 펀드도 아닌 실체가 있는 회사로 부동산 소유권을 신탁 받아 개발, 처분, 담보 등의 행위를 해주는 회사입니다.

4. 왜 리츠에 투자하나요?

돈을 안정적으로 벌기 위해서 리츠에 투자합니다.

투자란 미래의 불확실성에서 이득을 가져오게 됩니다. 따라서 불확실성이 클수록 투자의 예상 기대수익도 커지지만 반대로 그만큼 손실을 볼 가능성도 높아집니다.

그런데 리츠는 대형 오피스, 리테일 등을 중심으로만 투자하기 때문에 매우 안정적인 배당수익을 예상할 수 있습니다. 또한 배당 수익률도 일반적으로 연 5% 이상이 되기 때문에 많은 욕심을 부리지 않는다면 수익률이 낮다고 하기 어렵습니다.

따라서 리츠로 시세차익을 얻으려는 시도는 어리석을 수 있습니다.

즉, 주식 투자로 매매차익을 얻기 어렵다는 뜻입니다. 오히려 리츠는 장기 투자하는 경우 리츠가 보유한 자산가치와 임대료가 상승하는 효과가 있어 아주 장기적으로는 리츠 자산가치는 올라갑니다. 이는 장기 투자에서 가장 중요한 점 중 하나인 인플레이션 헤지 상품이라는 뜻입니다.

오랜 기간 투자를 하는 경우 인플레이션으로 인해 실제로 손에 쥐는 돈이 작아 보이는 것을 느껴보셨을 것입니다. 즉,

20년 전의 1억 원과 지금의 1억 원은 같은 금액으로 느껴지지 않겠지만, 20년 전의 1억 원의 부동산에 투자한 것을 지금 현금화 했다면 어떻게 되었을까 생각해보면 그 이치가 쉽게 이해될 것으로 생각됩니다.

우리가 마음을 굳게 먹고 가입한 보험 상품을 왜 해약하는지 생각해보면 대부분은 현금흐름의 일치가 안 되기 때문입니다.
즉, 필요한 돈과 투자처와 만기가 서로 맞지 않기 때문입니다. 미래를 모두 알 수 없지만, 예상 현금흐름과 투자처를 일치시키는 노력이 중요합니다. 리츠는 투자 기간이 길기 때문에 저축 또는 연금형 상품으로써도 충분히 강점을 갖고 있습니다.

증시를 통해 상장되어 있기 때문에 투자한 이후 중간에 사고팔아서 원금을 중도 회수할 수도 있는 장점도 있습니다. 또한 적은 투자금으로도 부동산에 직접 투자가 가능합니다.

5. 개발사업에 리츠를 이용해 투자하면 어떨까요?

리츠는 불특정 다수 개인투자자의 자금을 투자받은 것이기 때문에 안전성이 생명과도 같습니다. 반대로 말하면, 개인자금을 받아 운영하는 사업 내용이 변동성이 높고 고수익을 추구한다면 이는 적절한 투자 운영이 아니라고 생각됩니다. 이는 리츠에게만 해당되는 것이 아니라, 개인 자금을 받은 펀드도 마찬가지입니다. 즉, 규모성과 사업 내용에서도 크고 안정적이어야 개인투자자의 자금을 받아들일 준비가 되어 있는 것입니다.

개발사업은 공사하는 개발기간 동안 당연히 배당수익이 발생하지 않습니다. 또한 인허가 리스크 등 개발에 따른 고유 위험이 상대적으로 큽니다. 따라서 변동성이 높은 투자 대상이며 여기에 투자하는 자금은 고수익을 좇는 돈이어야 합당합니다.

최근 개발 리츠를 통해 임대주택을 공급하려는 시도가 많습니다.[90] 주변 시세보다 낮게 질 좋은 임대주택을 공급하려는 의도는 좋지만 운영기간 중 배당수익이 거의 발생하지 못하는 리츠는 태생적으로 한계가 있을 수밖엔 없습니다. 임대주택을 리츠를 통해 개발 및 운영하려는 사업계획을 들여다보

---

90) 별첨 16 뉴스기사 - 재개발 임대주택 매입 '시민 리츠' 전국 첫 설립. 부산일보 2017.1.15.

면, 임대 의무기간 8년이 지난 후 주변 분양가에 맞추어 분양 전환을 통해 시세차익을 리츠 주주에게 나누어 주고 청산하는 모델을 기본으로 하고 있습니다. 이는 안정적인 배당수익을 바탕으로 저수익, 저위험을 추구하는 개인투자자의 자금을 모집한 리츠의 고유 특징과는 상당한 거리가 있습니다. 이는 개발사업의 지분투자를 부동산 간접투자기구 중 하나인 리츠를 통해 한 것뿐입니다.

부동산 투자회사법에서는 2015년까지 개발형 부동산 투자회사라는 별도의 리츠 종류를 규정해 관리해왔으나, 지금은 별도의 명칭을 두어 구분하고 있지는 않고, 관련 규정 등에서 허용하는 경우 개발사업을 영위할 수 있도록 하고 있습니다.

다른 관점에서는 우리나라의 독특한 선분양 제도에 대해 고민할 필요가 있겠습니다.

개발사업의 위험이 있음에도 불구하고 준공 전 선분양 단계에서 대규모 개인자금이 몰려들고 전매를 통해 거래가 됩니다. 중도금대출이 쉽게 이뤄지기 때문에 계약금 정도의 작은 자본 투자로 큰 수익을 기대하며 투자가 이뤄집니다. 예상대로만 되면 좋겠지만, 많은 차입과 매각차익만을 기대한 투자는 그만큼 위험 부담이 클 수밖에 없습니다.

개인의 목돈이 적절히 투자 될 수 있는 장기 안정적인 투자상품의 개발이 필요하며, 해외 시장과 유사하게 국내에서도 리츠가 그 역할을 할 수 있을 것이라 기대합니다.

6. 펀드와 리츠는 다른 것인가요?

사실, 개인투자자 입장에서는 크게 다르게 느끼지 못할 수도 있습니다.

각기 잘할 수 있는 특징이 다른 상품입니다. 그럼에도 불구하고 잘 할 수 있는 것보다도 서로의 장점을 가져오다 보니 차이를 못 느끼고 있는 것 같습니다.

리츠의 장점은 상장 주식회사라는 점입니다. 상장을 한다는 것은 증시의 효율적인 자본에 접근이 가능하다는 것이고 그만큼 낮은 요구수익률로써 안정되게 운영하는 상품으로 구성됩니다. 상장을 할 때에는 원래는 5년, 7년과 같이 제한된 투자기간을 갖고 있는 것이 아니라, 영속적인 기업으로서 운영할 것을 생각하는 것이 보다 자연스럽습니다.

펀드의 장점은 운용사의 역량 발휘가 쉽다는 점입니다. 다르게 말하면, 운용사 재량이 매우 높습니다. 따라서 비상장 고수익 추구 상품으로 투자 운용이 가능합니다. 상장 의무가 없어서 투자자는 투자기간 동안 자금이 묶이는 것이 당연합니다.

그런데 앞에서 말한 장점을 서로 반대로 사용하려는 시도가 너무 많은 것이 문제로 생각됩니다.

펀드는 기관을 포함해 개인투자자까지 자금을 폭넓게 모으고 있으며 저위험 저수익 자산뿐만 아니라 중위험 저수익 자산까지 투자하고 있습니다. 또한 개인투자자의 자금이 투자기간 동안 묶이는 것을 해소하고자 재간접적으로 증시에 상장하는 방법을 사용하고 있습니다.

반면 리츠는 상장을 하지 않아도 될 수 있도록 공모 예외 기관투자자를 모집하며, 기관투자자의 입맛에 보다 적합한 투자기간이 정해진 폐쇄형리츠를 출시하고 있습니다.

개인투자자에게는 어쨌든 상장리츠, 공모형 펀드 두가지 상품을 통해 부동산에 투자할 수 있습니다. 투자한 이후에는 리츠는 주식회사로서 회사의 움직임을 주주총회 및 각종 공시자료를 통해 알 수 있으며, 주요한 내용에 대해서는 주주총회를 통해 자신이 투자한 지분비율만큼 의사를 직접 결정할 수 있습니다. 반면 펀드의 경우 운용사가 의사결정을 하며 투자자는 의사결정 권한 및 사업내용을 리츠만큼 자세히 들여다 볼 수 없다는 차이가 있습니다.

7. 펀드가 리츠보다 활발한 것 같던데요?

펀드는 리츠보다 여러 점에서 편리합니다.

펀드는 신탁형의 경우 설립이 매우 쉽습니다. 또한 회사형이라 하더라도 동일한 회사형태인 리츠보다 역시 간편합니다. 투자할 수 있는 대상도 실물 부동산뿐만 아니라 대출[91]까지도 취급할 수 있습니다. 그리고 가장 큰 장점으로 1인소유한도 규제가 없어 투자자 구성도 자유롭습니다. 극단적으로 1인 단독 사모가 가능해 기관투자자 중심의 사모 모집도 매우 쉽게 이뤄질 수 있습니다.

또한 투자한 이후에도 리츠보다 펀드가 관리가 용이합니다. 상장된 리츠의 경우 투자자 공시의무, 이사회 및 주주총회 등 추가적으로 챙겨야 할 사항이 상당히 많습니다.

앞에서 열거한 장점들로 인해 국내 투자는 물론 해외 투자에서도 펀드가 다양한 상품 구성이 가능해 손쉽게 사용되고 있습니다.

그런데 이러한 펀드의 많은 장점은 대부분 기관투자자 또는 펀드를 운용하는 회사에게만 해당되는 것이고, 개인투자

---

91) 아직까지는 공모상품으로는 대출형 상품은 출시가 허용되지 않고 있습니다.

자의 관점에서 리츠와 펀드는 크게 다르지 않게 느껴질 가능성이 더 높습니다.

이는 개인투자자가 주식 투자를 할 때 직접 주식을 사는 것(즉, 리츠에 투자하는 것)과 펀드를 통해 간접투자하는 것의 두 방법에 대해 크게 차이를 느끼고 있지 않다고 생각되기 때문입니다.

8. 리츠는 누구나 살 수 있나요?

네, 주식과 동일합니다. 증권계좌를 갖고 있다면 누구나 살 수 있습니다. 우리나라에는 2016년말 기준 약 130개의 리츠가 만들어져 있습니다. 그런데 문제는 거의 대부분의 리츠가 비상장리츠라는 점입니다. 증시에 상장되어 매매 가능한 리츠는 손에 꼽을 정도에 불과하며 규모도 그렇게 큰 편이 아직은 아닙니다.

참고로, 일본, 싱가포르, 홍콩, 미국, 호주 등에선 국내와 달리 상장리츠 시장이 활발히 열리고 있습니다. 만일 개별 리츠 주식에 투자가 꺼려진다면 리츠 종목만을 모은 인덱스(Index) 상품까지 출시가 되어 있으니 적극 검토할 만합니다. 하지만 개인이 해외 주식을 직접 투자하는 경우 환율, 높은 수수료, 세금 등 추가적으로 고려해야 할 사항이 많습니다. 그래서 국내에서 해외 리츠를 재간접적 형태로 투자할 수 있도록 만드는 상품도 시도되고 있습니다.

우리나라도 해외 시장과 유사하게 조만간 성장할 것으로 예상됩니다. 앞으로 국내에 더욱 다양한 공모리츠 투자 상품이 출시될 예정이니 새로운 리츠가 나올 때마다 눈여겨 보는 것도 좋을 것 같습니다.

9. 리츠로 대박 칠 수 있나요?

그렇지 않을 가능성이 높습니다. 리츠는 고수익을 바라며 투자하는 상품이 아니기 때문입니다.

투자 상품에서 주식-리츠-채권 순서로 변동성이 낮으며 그만큼 평균 기대수익도 낮아지는 것이 일반적입니다.

물론 매매 시점에 따라 시세가 달라져서 이에 따른 차익을 얻어 수익률이 높아질 수도 있겠지만, 리츠의 경우 금리, 종합주가지수 등에 채권, 주식처럼 민감도가 아주 높지는 않아서 시세변화도 크지 않은 것이 일반적입니다.

국내 리츠의 전체 평균 배당수익률은 다음과 같으며, 이는 비상장리츠까지 모두 포함되어 있습니다. 같은 기간 종합주가지수(KOSPI)와 비교해보면 리츠가 대박은 아니더라도 양호한 변동성 및 수익성을 가져다주고 있는 것을 보여줍니다.

구분	연도	2008	2009	2010	2011	2012	2013	2014	2015
리츠	연평균 배당 수익률(%)	28.0	26.1	8.6	8.3	7.1	9.2	6.2	8.1
전통 투자	주식 평균 배당 수익률(%)[xxxv]	2.58	1.17	1.12	1.54	1.33	1.14	1.13	1.33
	채권 5년만기 국채 수익률[xxxvi]	5.36	4.64	4.30	3.89	3.24	3.00	2.84	1.97

10. 좋은 운용사는 어떻게 고를 수 있나요?

좋은 운용사를 고르는 것은 좋은 음식점을 찾는 일과 비슷한 것 같습니다. 음식점도 오래 한 곳이 맛이 있듯이 운용사의 업력이 긴 곳 또한 믿음직한 경우가 많습니다. 요리사가 음식점의 가장 중요한 맛을 결정한다면, 운용사에서는 매니저의 역량이 투자자의 수익을 결정짓는 데 큰 역할을 하게 됩니다.

개인투자자는 전문 기관투자자와 달리 자산의 가격, 운영 등에 대해 상세히 알 수 없는 경우가 많습니다. 그러다 보니 개인투자자만으로 구성된 상품은 개인투자자에게 돌아오는 수익률만 보게 되어 정작 시장가격과 안 맞는 경우, 즉 시세보다 비싸게 사오는 경우가 종종 발생합니다. 물론 개인투자자는 좋은 투자기회가 쉽게 오지 않기 때문에, 아예 투자를 못하는 것보다야 약간 비싸게라도 투자할 수 곳을 찾는 것이 오히려 득이 되는 것이 맞아 보입니다만, 조금 더 욕심을 부린다면 다음과 같은 기준을 세워보는 것도 좋아 보입니다.

개인투자자와 함께 기관투자자가 같이 투자하고 있는지, 운용사가 같이 공동투자를 하고 있는지, 앵커투자자(Anchor Investor)가 끝까지 참여하는지 등을 보고 간접적으로 상품에 대해 이해하는 것이 보다 바람직할 것으로 생각됩니다.

11. 판매사와 운용사는 다른 것인가요?

법에서는 상품을 파는 회사와 운용하는 회사를 분리하도록 하고 있습니다. 운용사는 상품을 직접 투자해 수익을 발생시키는 가장 중요한 기관이라 할 수 있습니다. 여기에는 매니저라고 하는 전문가가 자산운용을 주로 맡아서 합니다.

판매사는 운용사와 투자자를 연결시키는 역할을 합니다. 판매회사는 판매보수를 받고 투자자에게 리츠나 펀드와 같은 투자상품을 권유하고, 나중에 이를 환매할 때도 판매회사를 통해서 하게 됩니다. 판매사는 은행이나 증권회사·보험회사 등이 있으며, 운용사와 판매회사가 같은 계열회사이거나 자회사로 이뤄진 곳도 많습니다. 즉, 개인투자자가 증권사에 가서 리츠나 펀드에 가입하더라도 그 돈을 운영하는 곳은 증권사가 아니라 운용사입니다. 따라서 운용사의 운용성과에 따라 수익률이 결정됩니다.

참고로 수탁회사는 투자 자금을 보관하는 업무를 합니다. 금융사고를 사전에 차단하기 위해 운용사나 판매사가 직접 자금을 가질 수 없게 법에서 정했기 때문입니다. 수탁회사는 주로 은행이 됩니다. 수탁업무를 하는 은행은 투자자의 자금을 별도의 계정에 따로 보관하고 있다가 매니저의 지시에 따라 자금을 주고받습니다.

12. 자기관리리츠는 무엇인가요?

자기관리리츠는 법인세 면제가 되지 않으며 상근임직원이 있는 실체가 있는 회사로 위탁관리리츠와는 다릅니다. 이 책에서 설명한 내용은 전부 위탁관리리츠인 점을 염두에 두어야 합니다. 참고로 2016년 기준 130개의 설립된 리츠 중 위탁관리리츠는 122개이며, 나머지 8개는 자기관리리츠입니다.

자기관리리츠는 금융위기 이후 부동산 개발사업 등에 PF를 통한 자금 조달이 어려워지자 대안으로 부각되어[xxxvii] 2008년도에 처음 출시되었으며 이후 2016년까지 총 24개가 설립되었고 21개가 청산되었습니다.

앞에서도 설명한 바와 같이 리츠는 규모성이 중요합니다. 이는 자기관리리츠에도 그대로 적용될 수 있을 것입니다. 자기관리리츠는 상근 임직원이 고용되어 몇몇 특정한 자산에 대해 집중적으로 투자, 운용하기 때문에 전문성에서 보다 뛰어난 역량을 발휘할 수도 있을 것으로 예상되나, 역시 규모성이 아직은 위탁관리리츠에 비해 많이 부족한 것이 사실입니다. 향후 대형 자기관리리츠로 발돋움하기까지는 위탁관리리츠와는 상당히 다른 양상을 보일 가능성이 있습니다.

13. 리츠 투자했는데 주가가 떨어지면 어떻게 하죠?

리츠의 근본 가치가 변경된 것이 아니라면 주가의 높낮이는 일반적으로 크게 우려할 것은 아닙니다.

내가 산 주식가액 대비 배당수익률이 중요한 것이지, 매일 변하는 주식 매매 가격은 큰 의미가 없기 때문입니다. 리츠 주식 가격은 당연히 수급의 영향도 받을 밖에 없기 때문에 주가에 일희일비하는 것은 큰 도움이 되지 않습니다.

주식은 매각차익을 올리지 못하면 실패한 투자이지만, 리츠는 주가가 오르내림에 큰 상관없이 배당금이 일정할 가능성이 큽니다.

오히려 내려갈 때 추가 매수하는 경우 시가배당수익률이 올라가는 효과를 누릴 수 있으니, 역발상을 해보는 것도 고려할 만합니다.

단, 리츠가 우량 자산을 기초로 하고 있다는 전제가 있어야 할 것입니다. 주가라는 것이 미래의 현금흐름을 현재가치로 바꾼 것이기 때문에 아무래도 주가가 떨어진다는 것은 기대 현금, 즉 배당이 내려갈 것으로 예상된다는 것일 수 있으니 이 점은 확인해봐야 합니다.

14. 안정적인 수익이 정말 가능한가요?

부동산 투자 시장은 대체투자 시장에 속해 있습니다.

이는 주식과 채권을 중심으로 투자하는 전통투자 시장과 크게 다른 성격을 갖고 있는데 가장 중요한 것은 금리라든지 주가와 같은 외부환경의 변화에 민감하지 않게 절대수익을 추구할 수 있다는 점입니다.

주식이나 채권의 투자 전략을 들여다보면 시장 전체 움직임 대비 얼마나 초과 이득을 올렸는지가 주요 관심사입니다. 예를 들어, 종합주가지수가 연초 대비 -10%가 되고 내가 만든 포트폴리오가 -7%라면 +3%p만큼 잘했다고 인정받게 되는 것이지요.

하지만 부동산 투자의 경우 동일한 잣대로 생각해보면 매우 어색하게 느껴집니다. 예를 들어, 아파트를 투자했다고 가정해봅니다. 서울 아파트 가격이 -10%가 되었는데 내 아파트 가격이 -7% 밖에 안 빠졌으니 부동산 시장대비 초과 성과를 시현했다고 생각하는 사람은 아무도 없을 것입니다.

부동산을 포함한 대체투자 시장에서의 성과 평가는 시장 벤치마크(Market Bench Mark)보다도 매년 수립하게 되는 사업계획(Business Plan)과 비교함이 적절합니다.

대체투자 시장의 특징은 매니저의 역량에 따라 결과치가 매우 달라지게 되는 점에 있습니다. 즉, 주가라든지 금리와 같이 외부 시장 변화에 따른 충격보다도, 개별 자산의 임대차, 리모델링 등과 같은 행위가 실제 자산 가치에 영향을 직접적으로 미치는 것은 당연하기 때문입니다. 따라서 매니저가 이를 얼마나 잘 수행했는지가 투자 성패를 좌우하게 됩니다. 이는 주식과 채권처럼 종목을 사고파는 행위에 그치는 것이 아니기 때문입니다.

결국 부동산을 포함한 대체투자 시장은 매니저와 운용사의 역량에 따라 시장변화에 큰 상관 없이 절대수익 추구가 비교적 가능하며 안정적인 수익을 가져다 줄 수 있다고 할 수 있겠습니다.

15. 장기 임대차계약이 되어 있으니 좋은 상품겠지요?

상업용 부동산은 결국에 임차인이 왕(王)입니다.

임차인으로부터 나오는 수익으로 배당금이 발생하고 자산 가격도 결정되기 때문입니다. 따라서 기관투자자는 물론 특히 개인투자자들은 장기 임대차계약이 되어 있는 상품에 대해 거의 맹목적인 러브콜을 보내는 것 같습니다.

잘 생각해봐야 할 점이 있습니다.

세상엔 공짜가 없습니다. 임차인 또한 부동산 시장의 주요 참여자로서 임대 시세는 물론 자산의 매매금액까지 모두 꿰차고 있는 경우도 많습니다. 그런 임차인이 장기 임대차계약을 체결했다는 것은 임차인도 얻는 것이 있다는 뜻입니다.

예를 들어 좀 더 살펴보겠습니다.

시세보다 낮게 임대료로 장기 임대차계약을 체결한 경우를 먼저 살펴보겠습니다. 시장에 대형 공실이 오랜기간 발생하면 임대인 입장에서는 임대료를 대폭 인하하더라도 임차인을 일단 채워 넣으려 하기 마련입니다. 그런데 장기 임대차계약을 했다는 뜻은 그만큼 나중에 임대차 협상을 통해 시장임대료까지 받을 수 있는 가능성을 버렸다는 것이며, 이는 낮은 수익률이 확정된 결과를 가져옵니다.

반대로 시세보다 높게 장기 임대차계약을 체결한 경우입니다. 이런 경우가 있을 수 있을까 싶지만, 세일앤리스백(Sale & Leaseback)과 같이 기존 건물주가 임차인이 되는 경우 매매금액을 쉽게 높일 수 있기 때문에 자주 사용되는 방안입니다. 매도자는 높은 임대조건을 통해 매매금액을 높여서 매각 시 차익을 시현하게 됩니다. 이 경우엔 매입 후 매수자에게도 비교적 양호한 수익률이 투자기간 동안 나오는 것으로 보이지만, 매각할 때 결국 시장임대료로 환원되어 매각금액이 대폭 하락할 수 있는 개연성이 매우 높게 됩니다.

따라서 장기 임대차계약이 모두 투자자에게 무조건 좋은 것이 아닙니다.

장기 임대차계약이 처음엔 안정적이라고 보기 좋아 보이지만, 이면에 숨어 있는 단점이 있을 수 있습니다. 결국 중요한 것은 시장의 본질가치라는 점을 잊지 말아야 할 것입니다.

16. 최근 왜 개인투자자용 부동산 상품이 많이 출시되고 있나요?

먼저 시장에서 왜 개인투자자의 돈을 필요로 하는지 알아야 합니다.

개인투자자의 돈을 모으는 것을 공개모집, 공모(公募)한다고 합니다.

공모 상품이 많이 출시된다는 것은 공모에 몰리는 개인자금의 요구수익률이 기관보다도 낮다는 이야기입니다. 참고로, 요구수익률이 낮으면 같은 투자 물건에 대해 보다 높은 가격을 제시할 수 있습니다. 따라서 공모에 성공하면 보다 높은 가격 제시가 가능해지므로 물건을 매입할 수 있는 힘을 갖게 됩니다.

개인투자자는 왜 요구수익률이 낮은 것일까요?

사실 개인투자자라 해서 기관투자자보다 요구수익률이 낮은 것은 아닙니다. 오히려 더 큰 리스크를 감내하고 높은 수익률을 추구하는 경우가 훨씬 많습니다. 하지만 다양한 수요로 인해 낮은 요구수익률을 갖는 것으로 보이게 되는 것입니다. 또한 이론적으로도 증시를 통해 자금을 모집하는 것이 효율성이 높다고 알려져 있습니다.

그러면, 최근 들어서야 개인투자자는 공모 상품에 눈을 뜨게 되었을까요?

여러 이유가 있겠지만, 지난 수년 간 증시는 박스피(박스권에 갇힌 코스피) 신세를 면치 못하고 있으며, 저금리가 장기화되고 있어 정기 예금보다 높은 수익률을 올릴 수 있는 주식, 펀드를 선호하는 사람이 더 늘었기 때문으로 보입니다.

공모 상품이 본격적으로 출시되기 이전인 2010년도 전에는 개인들의 기대수익률은 10%대를 훨씬 상회하고 있었으나, 최근에는 절반 이하로 떨어진 것으로 조사되고 있습니다.[xxxviii]

17. P2P 투자가 요즘 핫 하다던데요?

P2P 투자는 각자 개인이 대출금을 십시일반(十匙一飯) 모아서 대출에 참여하는 것을 말하고 최근 그 인기가 급상승 중입니다.

개인투자자에겐 매력적으로 보일 수밖에 없습니다. 그렇게 높은 수익률을 제시해주는 상품은 기존에 찾아보기 어려웠기 때문입니다.

반대로 P2P 투자를 이용해 대출을 받는 쪽에서도 보면 상당히 매력적입니다. 기존의 금융기관을 통해 대출을 받기 어려운 사업 내용도 비교적 낮은 금리에 자금조달이 가능해졌기 때문입니다.

그런데 개인투자자가 반드시 알아야 할 점은 투자는 자기책임이며 그 위험도 고스란히 자신에게 돌아온다는 것입니다.

P2P 투자 시 유의할 점은 크게 두 가지라고 생각됩니다. 첫 번째는 상품 가격이고 두 번째는 위험 관리입니다.

P2P대출의 상당수가 대부분 신용대출 또는 부동산 관련 대출상품이며 기존 제2금융권에서도 취급하지 못했거나 더욱 높은 금리로 대출이 실행되었던 내용도 상당히 있을 수 있습니다. 따라서 위험 대비 수익이 적절하지 않을 수 있다는 점

이 첫번째 우려입니다. 유사한 대출 상품을 집중적으로 다루었던 저축은행이 부실의 온상이 된 것을 반면교사 삼을 필요가 있습니다.

두번째는 위험 관리입니다. 대부업, 은행업에서는 상당히 높은 수준의 대출 사후 관리를 실행할 수 있도록 강제하고 있습니다. 하지만 P2P업체는 개인에게 차주를 중개해주는 역할에 불과할 뿐 투자에 대한 대출에 대한 책임과 위험 관리를 보장하는 것이 아닙니다.

지금부터 멀지 않은 미래에 우리가 익숙하다고 생각했던 금융환경은 크게 변화되어 있을 것이 확실합니다. 은행 지점은 점차 찾아보기 어려워지며, 증권사 객장도 예전만큼 북적거리지 않습니다. 반면에 P2P, 로보어드바이저, 크라우드펀딩, 핀테크 등 개인화된 금융환경은 빠른 속도로 기존 시장을 대체하며 영역을 확대해나갈 것입니다.

18. 리츠 투자와 P2P대출 투자 어느것이 좋을까요?

체급이 다른 게임입니다.

리츠와 P2P의 투자자산에 대해 살펴보면 차이를 쉽게 알 수 있습니다.

리츠는 수천억 원이 넘는 초대형 우량자산을 기초로 하고 있습니다. 반면 P2P대출은 많아야 수십억 원 규모의 소규모 부동산 상품 또는 수천만 원의 개인신용대출을 주로 다루고 있습니다. 당연히 둘 사이의 리스크 차이는 매우 큽니다.

또한 리츠는 전문적인 운용사에서 관리업무를 하도록 되어 있으며 상장리츠의 경우 증시에서 거래를 통해 유동성도 갖고 있습니다.

다음 그래프에서 리츠는 왼쪽에, P2P대출 투자는 오른쪽에 위치하고 있습니다.

P2P는 보다 높은 변동성을 갖고 있는 상품으로 볼 수 있습니다. 즉, 높은 변동성은 기대수익률도 높지만 동시에 원본손실 가능성 등 변동성도 크다는 점을 잊지 말아야 합니다.

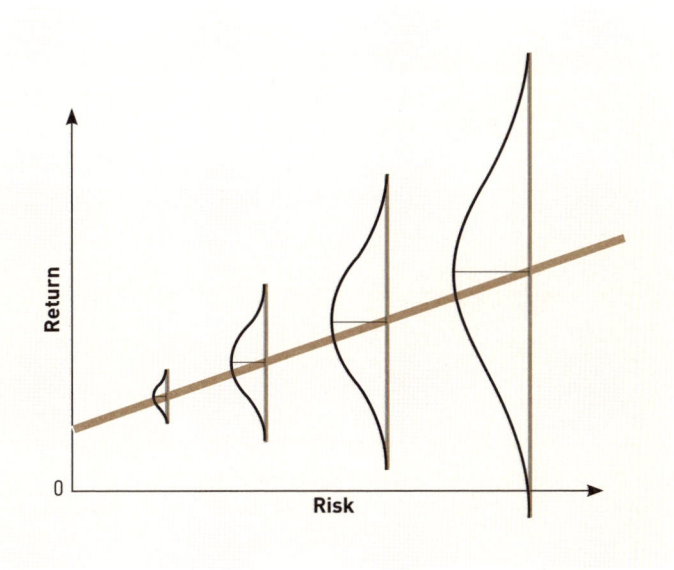

    결론적으로, P2P투자는 고수익을 좇는 여유자금이면 모를까, 노후 자금 운용 등의 목적에는 맞지 않을 가능성이 큽니다.
    반면에 리츠는 P2P에 비해 다소 수익률이 낮긴 하지만 안정적으로 장기 투자가 가능한 상품입니다. 따라서 연금 및 저축성 투자 상품으로서도 적절하게 고려 가능합니다.

〈비하인드 스토리 – 서울스퀘어〉
2008년도 리모델링 당시 거대한 입면에 대한 대응 방안으로 투명한 커튼월의 입면 변경을 기획했으나 인허가를 얻지 못해 미완의 꿈이 되었습니다.
아이러니하게도 그 계획의 실행을 막았던 인허가 법령은 뒤늦게 개정되었으며, 조금 빨랐더라면 어땠을까 하는 아쉬움이 남습니다.
위의 그래픽은 그 계획안 중 하나로서 환경친화적인 더블스킨(Double Skin)을 채용한 커튼월 계획을 보여줍니다.

08

별첨

이 장에서는 본문의 내용 이해를 돕기 위해 필요한 내용 및 뉴스 기사를 담았습니다.

1. 대체투자와 전통투자 비교표 xxxix)

	Alternative Investment		Traditional Investment
	Closed-end funds	Open-end funds	Open-end funds
Type of investments	· PE buyouts/real estate/infra-structure · Distressed debt · Venture Capital · Secondary · Private debt	· Hedge funds	· Public Stocks · Government and corporate Bonds · Cash
Fee structures	· Management fees · Performance fees + hurdle rate	· Management fees · Performance fees + hurdle rate	· Management fees
Investment lifespan	10~12 years(in general)	Microseconds to 18 months	Days to years
Investment scope	· Flexible · Often illiquid · Can use debt and derivatives	· Flexible · Can be illiquid · Can use debt and derivatives	· Narrowly defined · Liquid and long only securities · Limited ability to use debt
CF patterns	· Unpredictable when cash will be invested/returned	· Relatively predictable	· Relatively predictable
Liquidity constrains	· No withdrawls permitted · Secondary sales ok	· Staggered withdrawls (months), with a delay	· Ability to withdraw all capital in a short period
Investor constrains	· High not worth individuals · Institutional Investors	· High net worth individuals · Institutional investors	· Any individual · Institutional investors
Performance metrics	· Money weighted(IRR)	· Money weighted(IRR)	· Time wieghted return

2. 주요국 시가총액과 상장리츠 xl xli)

증시 순위	국가	시가총액 (백만)	세계증시 비중	리츠도입 연도	리츠시가 총액(백만)	글로벌 리츠 지수 비중	리츠 순위
	전 세계	$73,960,946	100.00%				
1	미국	$25,070,000	33.90%	1960	€ 986,770	65.19%	1
2	중국	$8,188,000	11.07%				
3	EU	$7,185,000	9.71%				
4	일본	$4,895,000	6.62%	2000	€ 102,695	7.43%	3
5	홍콩	$3,185,000	4.31%	2003	€ 28,828	1.58%	7
6	영국	$3,019,000	4.08%	2007	€ 56,585	4.58%	4
7	프랑스	$2,088,000	2.82%	2003			
8	독일	$1,716,000	2.32%	2007			
9	캐나다	$1,593,000	2.15%	1994	€ 41,180	2.95%	6
10	스위스	$1,519,000	2.05%				
11	인도	$1,516,000	2.05%	2008			
12	대한민국	$1,231,000	1.66%	2001	€ 773	0%	-
13	호주	$1,187,000	1.60%	1971	€ 106,458	7.47%	2
14	스페인	$787,200	1.06%	2009			
15	대만	$741,100	1.00%	2003			
16	남아프리카공화국	$735,900	0.99%	2013			
17	네덜란드	$728,500	0.98%	1969			
18	싱가포르	$640,000	0.87%	2002	€ 51,236	1.68%	5
19	스웨덴	$560,500	0.76%				
20	브라질	$490,500	0.66%	1993			
21	이탈리아	$480,500	0.65%	2007			
22	사우디아라비아	$421,100	0.57%				
23	벨기에	$414,600	0.56%				
24	멕시코	$402,300	0.54%	2004			
25	러시아	$393,200	0.53%				

3. 각국의 리츠 도입 시기

No.	국가명	제정연도	No.	국가명	제정연도
1	미국	1960	19	말레이시아	2005
2	네덜란드	1969	20	태국	2005
3	호주	1971	21	불가리아	2005
4	뉴질랜드	1971	22	이스라엘	2006
5	푸에르토리코	1972	23	두바이	2006
6	브라질	1993	24	독일	2007
7	캐나다	1994	25	이탈리아	2007
8	벨기에	1995	26	룩셈부르크	2007
9	터키	1995	27	영국	2007
10	코스타리카	1997	28	리투아니아	2008
11	그리스	1999	29	인도	2008
12	일본	2000	30	파키스탄	2008
13	한국	2001	31	핀란드	2009
14	싱가포르	2002	32	스페인	2009
15	대만	2003	33	필리핀	2010
16	홍콩	2003	34	헝가리	2011
17	프랑스	2003	35	아일랜드	2013
18	멕시코	2004	36	남아프리카공화국	2013

4. 국내 상장리츠 현황

(2017.2.23일 현재)

종목명	현재가(원)	거래량(주)	거래대금(백만 원)	시가총액(억 원)
모두투어리츠	4,515	14,853	66	353
케이탑리츠	1,590	738,890	1,180	657
광희리츠	5,290	5,778	30	192

5. 미국 리츠 ETF 현황 [xlii]

Symbol	ETF Name	Total Assets ('000 USD)	YTD	Avg Volume	Previous Closing Price 2017.2.24	1-Day Change	Overall Rating
VNQ	Vanguard REIT ETF	$32,602,515	3.48%	4,368,906.00	$85.40	0.47%	A+
IYR	iShares U.S. Real Estate ETF	$4,236,088	4.38%	7,566,970.00	$80.31	0.50%	A
ICF	iShares Cohen & Steers REIT ETF	$3,454,038	3.35%	333,414.00	$102.98	0.54%	B-
RWR	SPDR Dow Jones REIT ETF	$3,323,003	2.45%	377,194.00	$95.64	0.34%	A
SCHH	Schwab U.S. REIT ETF	$2,831,050	2.53%	702,130.00	$42.08	0.33%	A
XLRE	Real Estate Select Sector SPDR Fund	$2,343,162	4.33%	2,042,675.00	$32.08	0.50%	N/A
REM	iShares Mortgage Real Estate Capped ETF	$1,168,990	6.63%	353,341.00	$44.85	0.00%	B
REZ	iShares Residential Real Estate Capped ETF	$362,759	3.84%	49,137.00	$64.39	0.89%	A
KBWY	PowerShares KBW Premium Yield Equity REIT Portfolio ETF	$264,339	1.97%	57,479.00	$38.38	0.18%	A
FRI	First Trust S&P REIT Index Fund	$236,365	3.34%	95,598.00	$23.83	0.38%	A-
FREL	FIDELITY MSCI REAL ESTATE INDEX ETF	$232,930	4.05%	178,032.00	$24.40	0.41%	N/A
MORT	VanEck Vectors Mortgage REIT Income ETF	$103,978	6.40%	23,392.00	$23.27	0.09%	C
ROOF	IQ US Real Estate Small Cap ETF	$91,087	0.92%	21,602.00	$27.46	-0.07%	A-
USRT	iShares Core U.S. REIT ETF	$73,215	3.94%	13,635.00	$50.69	0.62%	N/A

Ticker	Name						
SRET	SuperDividend REIT ETF	$41,664	4.07%	26,075.00	$14.83	-0.34%	N/A
EWRE	Guggenheim S&P 500 Equal Weight Real Estate ETF	$30,268	4.03%	9,175.00	$27.37	0.37%	N/A
PSR	PowerShares Active U.S. Real Estate Fund	$26,261	5.80%	1,017.00	$77.66	0.00%	C+
WREI	Wilshire US REIT ETF	$21,114	3.01%	2,341.00	$48.33	0.17%	B-
MRRL	ETRACS Monthly Pay 2xLeveraged Mortgage REIT ETN Series B ETF	$15,690	10.89%	4,110.00	$16.53	-0.78%	N/A
DXJR	WisdomTree Japan Hedged Real Estate Fund	$7,634	-1.96%	17,652.00	$13.54	-0.51%	B+
NURE	NuShares Short-Term REIT ETF	$5,098	2.61%	N/A	$25.59	0.00%	N/A
RORE	Lattice Real Estate Strategy ETF	$4,548	8.76%	1,658.00	$16.26	0.00%	N/A
LARE	Tierra XP Latin America Real Estate ETF	$2,417	16.18%	1,618.00	$27.99	0.00%	N/A
PRME	First Trust Heitman Global Prime Real Estate ETF	$961	1.03%	8,951.00	$19.55	-0.26%	N/A

6. 일본 리츠 ETF 현황 [xliii]

Securities Code	Name	Market Price	NAV	Dividend	Yield
1343	NEXT FUNDS REIT INDEX ETF	1,948 (2017/2/24)	1,949.27 (2017/2/24)	16.4 (2017/2/10)	2.9%
1345	Listed Index Fund J-REIT (Tokyo Stock Exchange REIT Index)	1,850 (2017/2/24)	1,854.89 (2017/2/24)	11.86 (2017/1/8)	3.0%
1595	NZAM ETF J-REIT Index	1,840 (2017/2/24)	1,854.61 (2017/2/24)	14.3 (2017/1/15)	3.0%
1597	MAXIS J-REIT ETF	1,860 (2017/2/24)	1,870.65 (2017/2/24)	9.5 (2016/12/8)	2.8%
1398	SMAM REIT Index ETF	1,860 (2017/2/24)	1,839.89 (2017/2/23)	9.5 (2016/12/8)	3.0%
1476	iShares Japan REIT ETF	1,860 (2017/2/24)	1,823.17 (2017/2/21)	12 (2016/11/9)	2.1%
1488	Daiwa ETF Tokyo Stock Exchange REIT Index	1,850 (2017/2/24)	1,837.41 (2017/2/23)		%
1555	Listed Index Fund Australian REIT(S&P/ASX200 A-REIT)	1,620 (2017/2/24)	1,624.92 (2017/2/23)	9.3 (2017/1/10)	3.4%
1590	iShares U.S. REIT and real estate stocks ETF-JDR (Dow Jones U.S. Real Estate Index)	9,010 (2017/2/24)	9,047.03 (2017/2/21)	110 (2016/12/23)	3.6%

7. 미국 리츠 현황 [xliv]

Name	Ticker	Share Price($) 30-Dec-2016	52 Week High	52 Week Low	Dividend Yield (%)	Equity Market Cap($M)	Implied Market Cap($M)	Debt Ratio (%)
OFFICE								
Alexandria Real Estate Equity	ARE	111.13	114.52	71.65	2.99	8,825.3	8,825.3	32.9
BOSTON PROPERTIES	BXP	125.78	143.61	108.18	2.39	19,295.5	21,571.8	29.6
Brandywine Rlty	BDN	16.51	16.89	11.29	3.88	2,892.5	2,916.9	42.2
City Office REIT	CIO	13.17	13.77	10.90	7.14	320.8	362.9	46.3
Columbia Property Trust Inc	CXP	21.60	24.63	19.81	5.56	2,667.1	2,667.1	37.2
Corporate Office Properties	OFC	31.22	32.44	20.86	3.52	2,951.4	3,065.4	40.2
Cousins Property	CUZ	8.51	11.40	7.22	3.76	3,340.7	3,340.7	26.3
Douglas Emmett	DEI	36.56	38.70	24.95	2.52	5,521.8	6,465.1	40.5
Easterly Government Properties	DEA	20.02	20.60	16.61	4.80	703.9	900.1	25.1
Empire State Realty Trust	ESRT	20.19	22.17	14.67	2.08	3,080.7	5,956.7	20.7
Equity Commonwealth	EQC	30.24	31.77	25.41	3.31	3,820.8	3,820.8	29.0
First Potomac Realty Trust	FPO	10.97	11.13	8.08	3.65	634.3	662.6	57.2
Franklin Street Properties	FSP	12.96	13.26	8.81	5.86	1,377.8	1,377.8	40.0
Government Properties Income Trust	GOV	19.07	24.60	13.30	9.02	1,355.2	1,355.2	43.7
Highwoods Prop	HIW	51.01	55.74	41.32	3.33	5,111.4	5,257.7	26.4
Hudson Pacific Properties	HPP	34.78	36.29	22.97	2.30	4,766.3	6,372.4	30.8
Kilroy Realty	KRC	73.22	76.88	47.38	2.05	6,751.4	6,944.1	25.2
Mack Cali Realty	CLI	29.02	29.29	17.65	2.07	2,582.4	2,887.0	47.6
New York REIT Inc.	NYRT	10.12	10.53	8.94	4.55	1,678.4	1,784.1	34.5
NorthStar Realty Europe	NRE	12.57	12.80	8.42	4.77	704.3	713.0	65.8
Paramount Group	PGRE	15.99	18.25	14.38	2.38	3,509.6	4,229.8	41.6
Parkway	PKY	22.25	24.00	16.86	0.00	1,091.8	1,091.8	-
Piedmont Office Realty Trust Cl A	PDM	20.91	22.22	17.10	4.02	3,042.6	3,042.6	38.6
Select Income REIT	SIR	25.20	27.91	18.66	8.10	2,251.1	2,251.1	49.6
SL Green Realty	SLG	107.55	119.20	80.54	2.88	10,897.2	11,381.6	36.7
TIER REIT	TIER	17.39	18.32	12.78	4.14	824.8	824.8	53.4
INDUSTRIAL								

Name	Ticker						
DCT Industrial Trust	DCT	47.88	50.43	34.09	2.59	4,358.4	4,547.9	25.4
Duke Realty Corp	DRE	26.56	28.79	18.76	2.86	9,420.7	9,513.5	23.1
Eastgroup Properties	EGP	73.84	75.77	50.11	3.36	2,428.5	2,428.5	29.6
First Industrial Realty Trust	FR	28.05	29.61	19.33	2.71	3,277.6	3,398.0	27.9
Liberty Property Trust	LPT	39.50	42.25	27.30	4.81	5,837.0	5,976.8	35.6
Monmouth REIT Cl A	MNR	15.24	15.24	10.13	4.20	1,031.8	1,031.8	39.0
Prologis	PLD	52.79	54.61	35.57	3.18	27,664.4	28,560.1	26.8
PS Business Parks	PSB	116.52	120.86	86.98	2.57	3,136.6	3,987.8	1.5
Rexford Industrial Realty	REXR	23.19	24.15	16.09	2.33	1,530.8	1,577.2	24.3
STAG Industrial	STAG	23.87	25.38	15.09	5.82	1,804.3	1,892.7	35.8
Terreno Realty	TRNO	28.49	29.04	20.67	2.81	1,312.1	1,312.1	23.3

RETAIL

Shopping Center

Name	Ticker						
Acadia Realty	AKR	32.68	37.69	31.36	3.18	2,619.8	2,762.4	29.7
Brixmor Property Group	BRX	24.42	28.96	21.10	4.01	7,431.4	7,519.1	40.6
Cedar Realty Trust	CDR	6.53	8.04	5.95	3.06	557.1	559.4	51.4
DDR Corp	DDR	15.27	19.91	14.76	4.98	5,579.9	5,586.0	43.8
Equity One Inc	EQY	30.69	33.27	26.75	2.87	4,412.3	4,412.3	22.7
Federal Realty Invs	FRT	142.11	170.35	136.98	2.76	10,201.6	10,310.8	20.3
Kimco Realty Cp	KIM	25.16	32.17	24.71	4.29	10,693.7	10,717.2	29.1
Kite Realty Group Trust	KRG	23.48	30.41	22.68	4.90	1,947.4	1,993.1	42.4
Ramco-Gershenson Properties	RPT	16.58	20.19	16.04	5.31	1,312.3	1,344.1	39.7
Regency Centers	REG	68.95	85.30	65.38	2.90	7,204.6	7,215.2	16.7
Retail Opportunity	ROIC	21.13	23.03	18.01	3.41	2,298.8	2,556.2	28.6
Retail Properties of America	RPAI	15.33	17.74	14.16	4.32	3,626.5	3,626.5	34.0

Name	Ticker	Share Price($) 30-Dec -2016	52 Week High	52 Week Low	Dividend Yield (%)	Equity Market Cap($M)	Implied Market Cap($M)	Debt Ratio (%)
Shopping Center Cont.								
Saul Centers	BFS	66.61	68.58	48.35	2.82	1,425.5	1,916.6	31.2
Tanger Factory Outlet Center	SKT	35.78	41.74	29.67	3.63	3,429.4	3,610.1	30.5
Urban Edge Properties	UE	27.51	30.15	23.37	3.20	2,730.3	2,899.5	28.8
Urstadt Biddle Pptys	UBA	24.11	25.13	19.51	4.31	714.4	714.4	29.9
Weingarten Realty Investors	WRI	35.79	43.44	34.17	4.08	4,575.1	4,627.4	31.5
Wheeler Real Estate Investment Trust Inc	WHLR	1.70	1.90	1.14	12.35	115.4	125.2	64.3
Regional Malls								
CBL & Associates Properties	CBL	11.50	14.29	9.10	9.22	1,953.9	2,290.2	65.2
GGP Inc	GGP	24.98	31.97	23.96	3.52	22,074.3	22,211.2	34.1
Macerich	MAC	70.84	89.76	67.09	4.01	10,174.4	10,941.8	28.2
Pennsylvania Real Estate Investment Trust	PEI	18.96	25.52	16.70	4.43	1,310.5	1,468.3	49.4
Simon Property Group	SPG	177.67	227.60	174.20	3.71	55,828.1	64,273.3	23.6
Taubman Centers	TCO	73.93	81.63	66.67	3.22	4,453.1	6,305.7	33.5
Washington Prime Group Inc	WPG	10.41	13.92	7.41	9.61	1,915.6	2,281.3	56.6
Free Standing								
Agree Realty	ADC	46.05	50.80	36.07	4.30	1,204.4	1,220.5	26.8
Four Corners Property Trust	FCPT	20.52	21.79	14.84	4.73	1,219.3	1,219.3	23.7
Getty Realty	GTY	25.49	26.20	17.54	4.39	860.3	860.3	27.0
National Retail Properties	NNN	44.20	53.46	40.89	4.12	6,497.5	6,497.5	22.4
Realty Income	O	57.48	72.14	53.49	4.23	14,808.6	14,840.0	23.3
Seritage Growth Properties	SRG	42.71	56.47	37.51	2.34	1,104.7	2,137.3	31.5
Spirit Realty Capital	SRC	10.86	13.88	10.08	6.63	5,209.1	5,209.1	36.7
Store Capital REIT	STOR	24.71	31.19	23.37	4.69	3,852.0	3,852.0	32.3
RESIDENTIAL								

Apartment								
American Campus Communities	ACC	49.77	54.55	42.08	3.38	6,574.6	6,644.1	27.1
Apartment Inv Management	AIV	45.45	47.59	35.45	2.90	7,102.8	7,457.3	35.0
Avalonbay Communities	AVB	177.15	191.00	159.75	3.05	24,247.8	24,249.1	21.9
Bluerock Residential Growth REIT	BRG	13.72	13.96	9.18	8.45	268.4	288.7	65.7
Camden Property	CPT	84.07	90.67	71.39	3.57	7,348.7	7,507.6	24.9
Education Realty Trust	EDR	42.30	48.47	37.50	3.59	3,090.0	3,101.3	13.6
Equity Residential	EQR	64.36	76.73	58.81	3.13	23,426.3	24,372.8	25.9
Essex Prop Trust	ESS	232.50	236.11	192.26	2.75	15,252.5	15,769.1	27.0
Independence Realty Trust	IRT	8.92	10.63	6.18	8.07	582.0	608.3	66.0
Mid-America Apartment Comm	MAA	97.92	109.67	84.64	3.35	11,087.5	11,494.8	31.5
Monogram Residential Trust Inc	MORE	10.82	10.82	7.76	2.77	1,827.1	1,827.1	46.0
NexPoint Residential Trust	NXRT	22.34	23.49	10.81	3.94	470.5	470.5	59.6
Preferred Apartment Communities	APTS	14.91	15.33	10.76	5.90	368.2	381.4	79.0
UDR	UDR	36.48	38.56	33.11	3.23	9,745.0	10,663.9	25.2
Manufactured Homes								
Equity Lifestyle Properties	ELS	72.10	83.16	64.36	2.36	6,149.9	6,669.3	22.7
Sun Communities	SUI	76.61	81.55	63.81	3.39	5,594.6	5,813.9	35.8
UMH Properties	UMH	15.05	15.05	9.15	4.78	431.5	431.5	50.9
Single Family Homes								
American Homes 4 Rent	AMH	20.98	22.84	13.21	0.95	4,985.8	6,151.5	31.6
Colony Starwood Homes	SFR	28.81	32.89	20.33	3.05	2,923.8	3,108.2	54.3
Reven Housing REIT	RVEN	5.42	6.50	4.25	0.00	57.2	57.2	-
Silver Bay Realty Trust	SBY	17.14	19.21	12.22	3.03	607.8	646.1	50.0

Name	Ticker	Share Price($)			Dividend Yield(%)	Equity Market Cap($M)	Implied Market Cap($M)	Debt Ratio (%)
		30-Dec-2016	52 Week High	52 Week Low				
DIVERSIFIED								
Alexanders Inc	ALX	426.87	447.34	354.10	3.75	2,168.8	2,168.8	33.1
American Assets Trust Inc.	AAT	43.08	45.95	34.61	2.41	1,956.2	2,727.3	27.9
Armada Hoffler Properties	AHH	14.57	15.15	9.88	4.94	517.3	755.1	42.5
BRT Realty Trust	BRT	8.19	8.69	5.52	0.00	114.0	114.0	84.9
Forest City Realty Trust Cl A	FCE	20.84	24.22	16.67	1.15	4,997.4	4,997.4	41.0
Gladstone Commercial	GOO	20.10	20.56	13.31	7.46	477.3	477.3	55.1
Global Net Lease	GNL	7.83	8.93	6.97	9.07	1,323.8	1,338.0	45.7
Gramercy Property Trust	GPT	27.54	29.97	20.67	5.45	3,849.0	3,880.6	33.1
HMG/Courtland Properties	HMG	10.85	11.85	9.02	4.61	10.9	10.9	13.9
Investors Real Estate Trust	IRET	7.13	7.48	5.67	3.93	863.1	979.2	52.7
Lexington Realty Trust	LXP	10.80	11.10	6.61	6.48	2,548.2	2,589.4	43.2
One Liberty	OLP	25.12	25.70	19.59	6.85	445.4	445.4	50.0
VEREIT	VER	8.46	11.06	7.18	6.50	8,165.5	8,366.5	39.0
Vornado Realty	VNO	104.37	107.69	80.15	2.41	19,650.0	20,859.7	35.6
W.P. Carey Inc.	WPC	59.09	72.87	51.87	6.70	6,280.1	6,280.1	39.4
Washington Real Estate Inv	WRE	32.69	34.45	24.36	3.67	2,438.0	2,438.0	32.8
Whitestone REIT	WSR	14.38	13.17	9.87	7.93	420.7	427.6	57.7
HEALTH CARE								
Care Capital Properties	CCP	25.00	31.51	22.79	9.12	2,091.9	2,091.9	37.6
Care Trust REIT	CTR	15.32	15.85	9.70	4.44	974.0	974.0	34.7
Community Healthcare Trust	CHC	23.03	23.55	17.12	6.69	296.8	296.8	1.7
Global Medical REIT	GMR	8.92	11.12	0.13	8.97	157.0	160.2	18.7
HCP	HCP	29.72	40.33	26.13	4.98	13,821.1	13,995.1	38.0
Healthcare Realty Trust	HR	30.32	36.50	27.74	3.96	3,512.9	3,512.9	23.9
Healthcare Trust of America Inc	HTA	29.11	34.64	26.36	4.12	4,125.7	4,252.1	27.0
LTC Properties	LTC	46.98	54.18	41.12	4.85	1,842.6	1,842.6	22.4,
MedEquities Realty Trust	MRT	11.10	12.00	10.48	0.00	351.7	351.7	40.7
Medical Properties Trust	MPW	12.30	15.80	9.86	7.48	3,939.0	3,942.6	43.1

National Health Investors	NHI	74.17	82.39	55.73	4.85	2,955.5	2,955.5	26.1
New Senior Investment Group	SNR	9.79	12.52	8.27	10.62	803.9	803.9	69.4
Omega Healthcare Investors	OHI	31.26	38.02	27.46	7.81	6,047.0	6,325.9	38.2
Physicains Realty Trust	DOC	18.96	22.02	16.38	4.75	2,553.8	2,627.6	20.9
Quality Care Properties	QCP	15.50	19.00	12.48	0.00	1,441.6	1,441.6	-
Sabra Health Care REIT	SBR	24.42	26.32	15.16	6.88	1,590.6	1,590.6	42.0
Senior Housing Properties Trust	SNH	18.93	23.74	13.62	8.24	4,494.0	4,494.0	40.4
Universal Health Rlty Income	UHT	65.59	66.64	47.26	3.99	891.3	891.3	25.9
Ventas Inc	VTR	62.52	76.56	48.43	4.96	22,138.9	22,318.8	31.2
Welltower Inc.	HCN	66.93	79.61	53.68	5.14	24,264.2	24,264.2	33.6
LODGING/RESORTS								
Apple Hospitality REIT	APLE	19.98	20.64	17.45	6.01	4,462.8	4,462.8	29.4
Ashford Hospitality Prime	AHP	13.65	16.00	9.68	3.52	350.0	415.1	64.1
Ashford Hospitality Trust	AHT	7.76	8.22	4.72	6.19	740.9	899.3	84.5
Chatham Lodging Trsut	CLD	20.55	24.56	16.77	6.42	786.2	786.2	44.2
Chesapeake Lodging Trust	CHS	25.86	26.69	20.86	6.19	1,542.6	1,542.6	35.4
Condor Hospitality Trust	CDO	2.01	2.60	0.73	3.48	9.9	11.8	82.5
Diamondrock Hospitality	DRH	11.53	11.95	7.85	4.34	2,314.2	2,314.2	33.6
FelCor Loding	FCH	8.01	8.34	5.76	3.00	1,113.5	1,118.4	59.6
Hersha Hospitality Trust	HT	21.30	21.99	15.74	5.21	899.6	955.2	55.5
Hospitality Properties Trust	HPT	31.74	32.23	21.84	6.43	5,213.9	5,213.9	39.2
Host Hotels & Resorts	HST	18.84	19.34	13.23	4.25	14,079.4	14,250.7	24.2
Innsuits Hospitality Tr	IHT	2.25	2.52	2.03	0.44	21.0	29.3	35.5
LaSalle Hotel Properties	LHO	30.47	31.65	21.04	5.91	3,437.3	3,441.7	30.2
Pebblebrook Hotel Trust	PEB	29.75	31.50	22.46	5.11	2,137.7	2,144.7	37.1
RLJ Lodging Trsut	RLJ	24.49	24.96	17.58	5.39	3,044.1	3,057.7	37.3
Ryman Hospitality Properties	RHP	63.01	64.02	46.03	4.79	3,229.5	3,229.5	37.6
Sotherly Hotels Inc	SOH	6.79	7.19	4.79	5.60	101.5	113.6	77.0
Summit Hotel Properties	INN	16.03	16.36	9.34	4.05	1,388.1	1,395.5	35.1

Name	Ticker	Share Price($)			Dividend Yield (%)	Equity Market Cap($M)	Implied Market Cap($M)	Debt Ratio (%)
		30-Dec-2016	52 Week High	52 Week Low				
LODGING/RESORTS Cont.								
Sunstone Hotel Investors	SHO	15.25	15.91	11.19	13.90	3,302.3	3,302.3	26.9
Xenia Hotels & Resortys	XHR	19.42	19.62	13.57	5.66	2,096.5	2,098.8	41.6
SELF STORAGE								
Cube Smart	CUB	26.77	33.30	23.88	4.03	4,819.6	4,879.1	24.1
Extra Space Storage	EXR	77.24	94.38	68.78	4.04	9,671.0	10,098.1	27.8
Global Self Storage Inc	SELF	4.77	5.85	3.81	5.45	35.4	35.4	33.2
Life Storage	LSI	85.26	117.95	79.15	4.46	3,955.8	3,972.5	28.3
National Storage Affiliates Trust	NSA	22.07	23.12	16.12	4.35	936.2	1,925.4	30.0
Public Storage	PSA	223.50	276.27	201.93	3.58	38,585.1	38,637.0	1.1
TIMBER								
CatchMark Timber Trust	CTT	11.26	12.30	9.92	4.80	438.9	438.9	39.2
Potlatch Corp. REIT	PCH	41.65	43.45	25.83	3.60	1,690.6	1,690.6	27.1
Rayonier	RYN	26.60	28.25	19.07	3.76	3,291.8	3,291.8	24.5
Weyerhaeuser	WY	30.09	33.12	22.22	4.12	22,479.5	22,479.5	27.0
INFRASTRUCTURE								
American Tower Crop	AMT	105.68	117.84	83.66	2.20	44,656.0	44,656.0	28.1
Communications Sales & Leasing	CSAI	25.41	32.70	15.41	9.45	3,910.9	3,910.9	44.7
CorEnergy Infrastructure Trust	COR	34.88	36.57	11.50	8.60	416.0	416.0	36.7
Crown Castle Intl Corp	CCI	86.77	102.56	81.51	4.38	31,289.7	31,289.7	27.7
InfraREIT	HIFR	17.91	21.53	15.10	5.58	780.3	1,085.8	42.5
Power RIET	PW	7.00	9.45	4.10	0.00	11.5	11.5	43.2
DATA CENTERS								
CoreSite Realty	COR	79.37	91.49	56.49	4.03	2,691.9	3,791.3	14.3
CyrusOne	CONI	44.73	55.66	33.63	3.40	3,734.8	3,734.8	23.5
Digital Realty Trust	DLR	98.26	112.10	77.08	3.58	15,655.2	15,904.5	27.7
DuPont Fabros Technology	DFT	43.93	48.43	32.08	4.55	3,318.9	3,925.6	24.5
Equinix Inc	EQIX	357.41	389.66	265.05	1.96	25,402.8	25,402.8	21.3
QTS Realty Trust	QTS	49.65	57.25	40.86	2.90	2,364.0	2,700.2	23.1
SPECIALTY								

Company	Ticker							
American Farmland	AFC	7.97	8.37	5.60	3.14	134.6	160.7	32.0
CoreCivic	CXW	24.46	35.02	13.18	6.87	2,862.4	2,862.4	46.8
EPR Properties	EPR	71.77	84.46	59.05	5.35	4,526.8	4,526.8	31.2
Farmland Partners REIT	FPI	11.16	11.94	10.03	4.57	193.6	264.6	57.0
Gaming & Leisure Properties	GLPI	30.62	35.89	25.10	7.84	6,280.8	6,280.8	40.5
Geo Group	GEO	35.93	41.47	19.51	7.24	2,694.5	2,694.5	57.5
Gladstone Land	LAND	11.24	12.03	7.67	4.54	112.7	121.1	65.6
Innovative Industrial Properties	IIPR	18.19	19.71	15.40	0.00	183.0	183.0	-
Iron Mountain	IRM	32.48	41.25	26.56	6.77	8,559.8	8,559.8	39.5
Lamar Advertising	LAMR	67.24	76.30	50.13	4.52	5,570.7	5,570.7	30.5
Outfront Media	OUT	24.87	27.41	18.18	5.47	3,429.9	3,429.9	39.9

8. 싱가포르 리츠 현황 [xlv)]

REIT	Period	Mkt	DPU cts	Yield	NAV	Gearing	Assets Type
Fortune Reit HKD	2H - Dec16	8.88	24.45	5.51%	$12.90	29.50%	Retail(HK) - 17
Suntec Reit	Q4 - Dec16	1.75	2.60	5.72%	$2.12	37.70%	Office(65%) + Retail(30%) + Convention(5%)
Ascendas Reit	Q3 - Dec16	2.47	3.99	6.15%	$2.04	31.80%	Industrial(130) : Singapore(86%) + Australia(14%)
Frasers Cpt Tr	Q1 - Dec16	2.04	2.89	5.78%	$1.93	29.70%	Retail(6) + 31.17% of Hektar(MREIT)
CapitaMall Trust	Q4 - Dec16	1.98	2.88	5.62%	$1.86	34.80%	Retail(16) + Office
CapitaCom Trust	2H - Dec16	1.57	4.69	5.99%	$1.73	37.80%	Office(70%) + Retail(18%) + Hotel (12%)
ParkwayLife Reit	Q4 - Dec16	2.46	3.06	4.98%	$1.68	36.30%	Hospitals + Nursing Homes = 44 : Singapore 62% + Japan 37%
CapitaR China Tr	2H - Dec16	1.48	4.73	6.39%	$1.60	35.30%	Retail(China) - 11
CDL HTrust	2H - Dec16	1.38	5.55	7.27%	$1.55	36.80%	Hotels : Singapore(62%) + Australia (10%) + Maldives(8%) + NZ(10%) + Japan(4%) + UK(6%)
Frasers Com Tr	Q1 - Dec16	1.28	2.51	7.77%	$1.53	36.00%	Singapore(54%) + Australia(46%)
AIMSAMP Cap Reit	Q3 - Dec16	1.38	2.77	8.13%	$1.48	34.60%	Industrial(27) : Singapore + Australia
Keppel Reit	Q4 - Dec16	1.02	1.48	5.80%	$1.43	38.50%	Office(8) : Singapore(89%) + Australia(11%)
Mapletree Ind Tr	Q3 - Dec16	1.67	2.83	6.78%	$1.37	29.40%	Industrial(85)
Mapletree Com Tr	Q3 - Dec16	1.53	2.28	5.50%	$1.34	37.00%	Retail + Office
Ascott Reit	2H - Dec16	1.15	4.39	7.22%	$1.33	39.80%	Serviced Apts(90) : Key Mkt(87.7%) + R.O.W(12.3%)
Mapletree GCC Tr	Q3 - Dec16	0.97	1.78	7.33%	$1.21	40.50%	Retail + Office : HK(72.2%) + China (27.8%) by NPI ; Retail(64.7%) + Office (33.9%)
Saizen Reit	2H - Jun15	0.06	2.93	0.00%	$1.21	35.00%	Residential(Japan) - 136
Mapletree Log Tr	Q3 - Dec16	1.07	1.87	7.02%	$1.01	38.70%	Industrial(128)
First Reit	Q4 - Dec16	1.29	2.13	6.57%	$1.01	31.10%	Hospitals(13 - 1 in S Korea) + Hotel (Indonesia - 2) + Nursing Home (Singapore - 3)
EC World Reit	Q3 - Sep16	0.71	0.99	7.83%	$0.96	28.10%	Port, Warehouse & e-Commerce Infrastructure in China
SPHREIT	Q1 - Nov17	0.98	1.34	5.65%	$0.94	25.70%	Retail(2)
Frasers L&I Tr	Q1 - Dec16	0.97	1.74	7.84%	$0.94	29.70%	Industrial(Australia) - 54

Far East HTrust	Q3 - Sep16	0.59	1.12	7.42%	$0.93	32.80%	Hotels(65%) + Commercial(20.9%) + Serviced Apts(14.1%)
Keppel DC Reit	2H - Dec16	1.20	2.80	4.67%	$0.93	28.30%	Data Centres - 12 + 1(Under Devt)
StarhillGbl Reit	Q2 - Dec16	0.75	1.26	6.81%	$0.91	35.20%	Retail + Office : Singapore(61.4%) + Australia(23.4%) + Malaysia(12.7%) + Others(2.5%)
OUE Com Reit	2H - Dec16	0.70	2.50	7.45%	$0.90	39.60%	Office(82.4%) + Retail(17.6%) ; Singapore(80.4%) + China(19.6%)
Ascendas-hTrust	Q3 - Dec16	0.76	1.64	7.43%	$0.85	33.30%	Hotels(11) : Australia(56%) + Japan (24%) + Singapore(12%) + China(8%)
BHG Retail Reit	Q3 - Sep16	0.65	1.29	7.94%	$0.80	30.50%	Retail(China) - 5
Viva Ind Tr	Q4 - Dec16	0.78	1.76	8.98%	$0.79	37.20%	Industrial(8) : Biz Park(53.3%) + Light Industrial(26.1%) + Hotel(12%) + Logistics(8.7%)
ManulifeReit USD	FY16 - IPO	0.86	3.65	6.32%	$0.78	36.80%	Offices : USA(3)
Cache Log Trust	Q4 - Dec16	0.81	1.85	9.14%	$0.78	43.10%	Industrial(19) : Singapore(85%) + Australia(14%) + China(1%)
OUE HTrust	Q4 - Dec16	0.69	1.36	7.94%	$0.77	38.10%	Hotel(77%) + Retail(23%)
Frasers HTrust	Q1 - Dec16	0.69	1.33	7.69%	$0.75	33.70%	Hotel(9) + Serviced Apt(6) : Australia (40%) + Singapore(20%) + UK(14%) + Japan(15%) + Malaysia(6%) + Germany(5%)
Sabana Reit	Q4 - Dec16	0.44	0.88	7.96%	$0.74	43.20%	Industrial(21)
SoilbuildBizReit	Q4 - Dec16	0.64	1.57	9.81%	$0.72	37.60%	Industrial(12) : Business Park 32% + Industrial 68%
IREIT Global	Q3 - Sep16	0.76	1.57	8.32%	$0.64	42.50%	Offices : Germany(5)
Cambridge Ind Tr	Q4 - Dec16	0.59	1.00	6.75%	$0.63	37.50%	Industrial(49)
Lippo Malls Tr	Q3 - Sep16	0.39	0.86	8.94%	$0.39	32.70%	Retail(Indonesia) - 19
Average		1.30	2.90	6.85%	$1.46	35.16%	

9. 호텔 운영자 별 브랜드 가치 [xlvi)

순위 2016	브랜드	운영업체	브랜드 가치 2016 (US $ million)	브랜드 평가
1	Hilton	Hilton Worldwide Holdings	7,819	AAA
7	Hampton Inn		2,523	AAA
13	Double Tree		1,370	AA+
16	Embassy Suites Hotels		855	AAA-
2	Marriott	Marriott International	5,315	AAA
17	Fairfield Inn & Suites		835	AA
19	Renaissance Hotels		779	AA
6	Courtyard		2,845	AAA
3	Hyatt	Hyatt Hotels Corp	3,452	AAA-
4	Sheraton	Starwood Hotels & Resorts	3,404	AAA-
12	Westin		1,418	AA+
15	Four Points		907	AA
5	Holiday Inn	Intercontinental Hotels Group	2,950	AA+
18	Crowne Plaza		817	AA-
8	Mercure	Accor	1,795	AA+
11	Hotel ibis		1,643	AA
20	Novotel		765	AA
9	Ramada	Wyndham Worldwide Corp	1,757	AA
10	Shangri-La	Shangri-La Asia Ltd	1,711	AAA
14	Premier Inn	Whitbread Plc	1,089	AAA

10. 폰지사기 xlvii)

찰스 폰지가 벌인 사기행각에서 유래된 피라미드식 다단계 사기수법을 일컫는 말이다.

실제 자본금으로 들이지 않고 고수익을 미끼로 투자자들을 끌어 모은 다음 나중에 투자하는 사람의 원금을 받아 앞 사람의 수익금을 지급하는 방식의 사기수법을 말한다. 이 용어는 1920년대 미국 보스턴에서 희대의 다단계 금융사기극을 벌였던 찰스 폰지(Charles Ponzi)의 이름에서 따온 것이다.

개발 붐이 한창이었던 1920년대 미국의 플로리다에서 찰스 폰지는 원금의 50%에 해당하는 수익을 보장한다는 조건으로 투자자를 모았다. 당시 이곳은 한국의 수도권 사람들이 강남을 선호하는 것만큼이나 인기 있는 지역으로 떠올라 개발 붐이 대단했다. 폰지는 이 개발 붐을 악용해 허황된 주택 투자 사업으로 많은 사람을 모았다. 택지값의 10%만 있으면 건축비는 은행이 빌려주었고, 불과 몇 주 사이에 땅값이 2배로 뛰는 분위기도 조성되었다. 높은 이익보장에 수많은 사람들이 몰려들었다. 앞서 투자한 사람에게 다음 투자자의 자금으로 높은 이익을 보상해 주는 폰지의 묘안은 한 동안 성공을 거두었다. 높은 수익에 대한 소문으로 투자는 끝없이 늘어났다. 1925

년 한 해 동안 폰지가 모은 돈은 10억 달러였다. 그러나 폰지가 실제 한 일이라고는 외지에서 건자재를 사다가 기차역에서 하역하도록 한 것이 전부였다. 폰지는 3년간이나 사기극을 이어갔다. 그러나 투자자들을 계속 모으는 데 실패하면서 막을 내렸다. 배당금은 갈수록 눈덩이처럼 불어나는데 돈이 들어오는 속도가 떨어지면서 사기극이 들통난 것이다. 그가 잡혔을 때 그의 통장에는 모은 돈의 14%밖에 없었다. 폰지는 감옥에서 무일푼으로 죽었다.

이후 폰지사기란 용어는 수익에 비해 이자가 클 경우 발생하는 경제위기를 나타내거나 채무자가 지속적으로 빚을 굴려 원금과 이자를 갚는 상황을 나타내는 용어로도 사용되고 있다. 한편, 2008년 12월 11일 폰지사기로 미 연방수사국(FBI)에 체포된 버나드 매도프(Bernard Lawrence Madoff) 전 나스닥 증권거래소 위원장의 사기수법에 미 유명인사와 전 세계 금융기관, 재단 등이 휘말린 것으로 드러나 충격을 주었다. 피해규모는 최소 500억 달러(약 70조 원)로 역대 최악의 월가 사기극으로 떠올랐고, 국내 금융기관도 10여 곳 이상 피해를 본 것으로 알려졌다.

11. 뉴스기사 _ 400명 여대생 울린 대출사기 [xlviii]

400명 여대생 울린 대출사기 … 30대 주식 투자 동아리 대표 입건
경찰, 62억 원 피해 추정 … 피의자 "주식 투자로 갚을 것"

주로 여대생을 상대로 400여건의 대출 사기 행각을 벌인 혐의를 받고 있는 30대 주식투자 동아리 대표가 경찰에 입건돼 조사를 받고 있다. 광주 북부경찰서는 전국 400여 명의 피해자 명의로 62억 원 상당의 대출을 받아 가로챈 혐의(유사수신행위의 규제에 관한 법률 위반 등)로 박모(33)씨를 붙잡아 조사 중이라고 7일 밝혔다.

대학생들 사이에 유명한 주식 투자 동아리 대표인 박씨는 2015년 1월부터 지난해 11월까지 400여 명의 피해자들을 속여 대출을 받아 62억 원 상당을 가로챈 혐의를 받고 있다.

경찰은 전국 경찰서와 검찰에 접수된 200여 건의 피해자 고소와 200여 건의 경찰 인지 사건을 박씨의 거주지가 있는 광주 북부경찰서로 이첩해 수사하고 있다.

조사결과 박씨는 동아리에 가입한 여대생들을 상대로 동아리 운영진 자리를 제안하며 수당 50~70만 원을 주겠다고 꼬드긴 것으로 드러났다.

운영진에 참여하겠다고 나선 회원의 신분증과 공인인증서 등을 이용해 1~2천만 원대 대출을 받은 박씨는 이 돈을 자신의 통장에 입금하는 방법으로 빼돌렸다.

박씨는 평소 초라한 행색이었지만, 피해자들은 각종 허위 주식 투자 수상경력과 SNS상 허위로 올린 재력 과시에 속아 넘어간 것으로 알려졌다.

피해자들은 원하지도 않은 대출을 받아 이자와 원금상환을 떠안고, 약속한 수당도 제대로 받지 못하자 검찰과 경찰에 200여명이 집단 고소장을 냈다.

박씨는 1차례 진행된 경찰 조사에서 "여대생들이 본인의 의지로 대출받아 투자를 맡긴 것"이라며 "대출금 대부분을 주식 투자에 실패하는 바람에 모두 잃었지만, 법적 책임이 없다"고 밝혔다.

경찰은 전국 피해자들의 사건을 취합하는 한편, 이미 확보한 증거 등을 토대로 박씨에 대해 '유사수신행위' 혐의 적용 여부를 검토할 예정이다.

광주 북부경찰서 관계자는 "박씨를 입건하긴 했지만, 수사 범위가 넓고 피해자들도 많아 사건 실체를 밝히기는 어려운 단계다"며 "전국적으로 피해자가 많이 발생한 사건인 만큼 수사가 마무리되면 정식 브리핑을 하겠다"고 밝혔다.

〈연합뉴스 2017.1.7〉

12. 뉴스기사 _ 400억 가로챈 인터넷 쇼핑몰 적발 [xlix]

나중에 투자한 사람 돈으로 선순위 투자자에 수익 지급
"중국서 1천억 투자받아" 일부 언론 보도로 피해 커져

서울 서대문경찰서는 유사수신행위 규제에 관한 법률 위반 및 사기 혐의로 인터넷 쇼핑몰 업체 W사 대표 강모(47)씨를 구속하고 회사 관계자 49명을 불구속 입건했다고 21일 밝혔다.

유사수신행위는 제도권 금융기관이 아님에도 고수익을 제시하며 불특정 다수로부터 투자금을 끌어모으는 행위다.

강씨 등은 지난해 9월부터 올해 5월까지 1천 500여 명의 투자자로부터 404억여 원의 자금을 끌어모은 혐의를 받는다.

이들은 서울 금천구와 구로구에 마련한 '교육장'에서 사업설명회를 열어 참가자들에게서 거액의 돈을 투자받았다.

'인류 역사상 최고의 사업', '세계 경제 안정화를 끌어낼 유일한 플랫폼' 등 허황한 설명에도 참가자들은 한 달에 최대 1천만 원의 수익을 보장하겠다는 말에 속아 수천만 원씩 강씨 일당에 건넸다.

W사가 제시한 '사업 아이템'은 겉보기에는 기발해 보였다. 사용자들은 경매 방식으로 인터넷 쇼핑을 하는데, 이 과정에서 아이템 구매 등의 특정 조건을 충족하면 고가의 상품을 정

가의 10%에 불과한 금액에 살 기회를 준다고 했다.

강씨는 "하루에 경매를 144회 실시할 수 있으며, 회당 참가자를 100명만 모아도 참가자들에 대한 아이템 판매 수익금이 월 43억 원에 달한다"고 투자자들을 꼬드겼다.

그러나 강씨가 약속한 '경매 쇼핑' 시스템은 만들어지지 않았다. W사 수익은 투자자들로부터 모은 자금 외에는 거의 없었다.

그런데도 강씨는 유명 호텔 등에서 연달아 사업설명회를 열어 신규 투자자를 더 끌어모았다. 이들에게서 받은 돈은 선순위 투자자들에게 수익금으로 지급했다.

전형적인 '폰지 사기(Ponzi Scheme)' 수법이었다. 폰지 사기는 고수익을 미끼로 투자자들을 끌어들인 뒤 나중에 투자한 사람의 돈으로 선순위 투자자의 수익을 지급하는 사기 행위를 말한다.

올해 3월에는 중국 업체가 W사에 1천억 원을 투자하기로 약속했다는 보도자료를 냈고, 일부 언론이 이를 보도하면서 신규 투자자가 급증했다. 실제로는 중국 업체로부터 한 푼도 투자받지 못했다.

W사는 이렇게 끌어모은 거액의 투자금을 대부분 방만한 경영으로 날렸다고 경찰에서 진술했다.

전체 투자자에게서 끌어모은 404억 원 중 선순위 투자자에게 돌려준 돈은 101억 원에 불과했다. 남아있는 돈도 50여억 원에 지나지 않는다. 250여억 원을 9개월 동안 다 썼다는 얘기여서 그 사용처에 대한 의문도 제기된다.

  강씨는 회삿돈을 빼내 전세 보증금으로 쓰기도 한 것으로 전해졌다.

  경찰 관계자는 "유사수신 업체에 투자하면 금융 관련 법률의 보호를 받지 못해 피해 보상이 어렵다"면서 "원금이나 수익을 보장하겠다고 큰소리치는 업체는 유사수신 업체일 가능성이 크니 주의하기 바란다"고 당부했다.

〈연합뉴스 2016.6.21〉

13. 뉴스기사 _ P2P대출 '성장 날개' 꺾이나 [1]

금융당국, 투자자 보호 앞세워 선제적 규제 잇따라
투자금 제한·先대출 금지에 신규대출 급감
"투자심리 위축·핀테크 발전 저해" 업계 반발

대표적 핀테크산업인 P2P대출 시장이 금융당국의 선제적 규제로 인해 성장세가 급격히 둔화되는 모습을 보이고 있다.

정부는 "금융산업의 일부인 만큼 투자자와 고객 보호가 우선"이라는 명분을 앞세워 규제 강도를 높이고 있다. 하지만 '빈대 잡으려다 초가삼간 태우는' 꼴이 되지 않으려면 투자자 자율을 최대한 보장하면서 P2P업체의 투명한 경영을 유도하기 위한 감시제도를 도입하는 방안이 마련돼야 한다는 지적이 나온다.

14일 크라우드연구소에 따르면 국내에서 영업 중인 P2P대출업체 131곳의 올해 1월 신규 대출액이 734억 원으로 집계돼 전달(1,156억 원)보다 422억 원이나 급감했다. 부문별로는 개인신용대출이 108억 원, 담보(부동산, PF 등)대출이 642억 원을 기록했다.

크라우드연구소는 국내 P2P금융 시장을 꾸준히 연구·분석해온 전문기업으로 자체 P2P금융사 '펀딩플랫폼'을 운영하고 있다. 최근 1년간 꾸준한 성장세를 보이던 월별 대출액이 올해 들어 급감한 것은 지난해 말 금융당국이 발표한 P2P대출 가이드라인이 투자심리를 크게 위축시켰기 때문으로 풀이된다. 금융당국은 앞서 1인당 투자한도 제한과 선대출 금지 등을 골자로 하는 P2P대출 가이드라인을 발표한 바 있다.

가이드라인이 아직 본격 적용되지는 않았지만 업계와 시장에선 이미 1인당 최소 투자가능 금액을 조정하는 등 대비책 마련에 들어갔다. 실제로 사업 환경이 악화된다는 이유로 지난해 말 P2P대출업체 2곳이 잠정 휴업에 들어갔고, 올해 들어 한 업체는 직접투자사 형태로 아예 업종을 변경하는 등 시장 파장이 적지 않은 상황이다. 한 P2P대출업계 관계자는 "투자금을 당장 돌려달라는 요청도 있어 원활한 경영이 어려워진 상황"이라고 호소했다. 가이드라인에 따르면 일반 개인투자자는 앞으로 연간 P2P업체당 1,000만 원까지만 투자할 수 있도록 규정됐다. 지금까지는 투자한도가 정해져 있지 않아 업체당 투자액이 수억 원대인 고액 투자자도 적지 않게 참여한 바 있다. 실제로 P2P금융협회에 따르면 국내 P2P업체 대출액 중 1,000만 원 이상 투자금액이 차지하는 비율은 평균 73%에 달한다.

금융당국은 투자자 보호 차원에서 1인당 투자한도 제한은 불가피한 선택이라는 입장이다. 금융위 관계자는 "일부 투자자는 P2P대출에 수억 원대의 많은 돈을 넣고 있는데 P2P 상품이 기존 예·적금과는 달리 투자자 보호가 되지 않는다는 점을 고려할 때 위험하다"고 말했다.

선대출 금지 조항도 업계의 우려가 큰 사항이다. 현재 대부분의 P2P업체는 자사 보유 자금으로 대출을 먼저 집행한 이후 투자자를 모집하는 '선대출 실행 후 투자자 모집' 형태로 영업을 하고 있다. 기존 금융업과 비교해 유독 P2P 금융에만 투자금 제한을 적용하는 것은 '역차별'이라는 지적이 나온다. 차미나 크라우드연구소 선임연구원은 "진정한 투자자 보호를 위해서는 투자자의 자율성을 침해하는 투자 한도 제한보다 업체에 대한 경영 건전성 감시를 강화하는 편이 낫다"고 지적했다.

〈매일경제 2017.2.14〉

14. 뉴스기사 _ "정년아닌데요?" 희망퇴직 떠밀리는 은행원들 ⁱⁱ⁾

은행권에 구조조정 칼바람이 불고 있다. 수익성이 크게 나빠진 은행들이 영업 효율성 극대화와 인사 적체 해소를 위해 대규모 퇴직금 부담을 감수하면서 희망퇴직을 실시하는 것이다.

시중은행은 대부분 항아리형 인력 구조라 책임자급 이상의 고비용 인력이 계속 증가하게 된다. 올해 정년이 58세에서 60세로 연장되면서 고비용 저효율 인력구조가 가중될 것을 우려한 은행들이 선제적인 인력 감축에 나선 것으로 풀이된다.

'괜찮은 일자리'를 제공해온 은행들이 인력 구조조정의 고삐를 죄면서 내수 회복이 어려워질 것이란 우려도 나온다.

2일 금융권에 따르면, 국민은행 노사는 최근 임금피크직원 및 일반직원을 대상으로 희망퇴직을 실시하는 방안을 논의하기 시작했다. 희망퇴직은 사측이 노동조합에 먼저 제안했다. 노조는 사측의 희망퇴직안을 검토하고 있다.

지난해 은행권에서만 4,000여 명이 희망퇴직 등을 통해 회사를 그만뒀다. 은행권에서는 올해도 수천여 명의 직원들이 은행을 떠날 것으로 예상하고 있다.

〈중략〉

금융권에서는 올 연말부터 내년 초까지 천여 명 이상의 은행원이 은행권을 떠날 것으로 보고 있다. 은행들이 고비용, 저효율 인력 구조를 개선하기 위해 희망퇴직을 독려하는 데다 임금피크제 적용 전에 특별퇴직금을 받고 은행을 떠나려는 내부 분위기도 확산되고 있기 때문이다.

시중은행 고위 관계자는 "국내 은행은 저금리 기조 속에서 수익성은 떨어지는데 책임자급 이상의 고비용 인력은 계속 늘어나는 구조"라며 "올해도 희망퇴직으로 은행권에서 1,000여 명 이상이 회사를 떠날 것으로 보인다"고 말했다.

〈조선비즈 2016.12.2〉

15. 뉴스기사 _ 소규모 임대사업자 '건보료 폭탄' 예고 [iii]

2019년부터 2,000만 원 이하도 … 野3당 주장에 정부 수용할듯

연간 임대소득 2,000만 원 이하 주택임대사업자에 대해서도 건강보험료를 부과하는 방향의 건강보험 개편 논의가 급물살을 타고 있다.

보건복지부가 지난 23일 발표한 건보료 개편안에 따르면 임대소득 2,000만 원(필요경비 공제 시 800만 원) 이하 임대사업자에 대해 분리과세 원칙을 적용해 건보료 적용 대상에서 배제하도록 하고 있다. 다시 말해 이들 소액 임대사업자는 자녀의 직장 보험에 피부양자로 등재돼 있을 경우 그동안 건보료를 한 푼도 내지 않았다. 하지만 더불어민주당 등 야권 3당에서는 종합소득세 납부 대상자뿐만 아니라 분리과세 대상자도 건보료를 원칙대로 물리는 쪽으로 건보료 체제를 개편해야 한다는 주장을 계속하고 있어 주목된다. 임대사업자에 대한 건보료 폭탄이 현실화할 가능성이 높아졌다는 얘기다.

25일 정부 고위 관계자는 "최근 건보료 부과체계 개편안에서는 지역가입자의 경우 2019년 이후에도 2,000만 원 이하 임대소득은 분리과세로 분류해 건보료를 내지 않도록 했다"며 "만약 건보료를 부과하면 소규모 임대사업자에게 커다란 부담이 될 것"이라고 말했다. 분리과세 소득은 종합소득에 포함하지 않고 별도로 세율을 곱해 소득세로 부과하는 것이다. 2018년 12월부터 연 2,000만 원 이하 임대소득을 분리과세 소득으로 전환하면 소득의 14%를 세금으로 새롭게 내야 한다.

문제는 지난해 분리과세 소득을 포함한 모든 소득에 건보료를 부과해야 한다는 내용의 건보 개편안을 마련한 민주당이 기존 주장을 전혀 굽히지 않고 있다는 것이다. 국민의당, 정의당 등 다른 야당도 큰 틀에서 동조하고 있어 민주당 개편안에 힘이 실리고 있다.

무엇보다 연 2,000만 원 이하 임대소득에도 건보료를 부과하면 직장인 자녀의 피부양자로 등록하기가 매우 어려워진다. 당장 정부 개편안 1단계가 시작되는 내년부터 시가 10억 8,000만~18억 원 재산을 소유한 은퇴자는 연소득이 1,000만 원을 넘기면 무조건 지역가입자로 분류되기 때문이다. 다만 정부안에 따르면 분리과세 소득은 건보료 부담 대상에서 제외했기 때문에 문제가 없다. 하지만 민주당 안에 따르면 모든 소득에 건보료를 부과하기 때문에 연간 1,000만 원 이상 임대소득을 올리면 지역가입자로 무조건 분류된다. 이 결과 복지부 추산에 따르면 연간 2,000만 원 소득을 얻고 재산이 시가 10억 원가량이면 내년부터 매달 건보료를 20만 원가량 내야 한다.

〈매일경제 2017.1.25〉

16. 뉴스기사 _ 재개발 임대주택 매입 '시민리츠' 전국 첫 설립 [liii]

市, TF 구성해 올해 내 인가
매입비 갈등 줄여 사업 촉진

재개발사업 때 의무적으로 조성하는 임대주택을 매입할 '시민리츠(REITs)'가 전국 최초로 부산에 설립된다. 이 리츠가 생기면 재개발사업이 빨라지고 한국토지주택공사(LH)가 매입할 때보다 임대보증금이 내려갈 것으로 기대된다.

부산시는 '부산시민리츠' 설립을 위해 곧 태스크포스팀을 구성할 것이라고 24일 밝혔다. 사업성 검증을 거쳐 올해 안에 국토교통부로부터 설립 인가를 받겠다는 계획이다.

부동산 투자신탁(Real Estate Investment Trusts)의 약자인 리츠는 여러 명의 투자자로부터 돈을 모아 부동산에 투자해 수익을 배당하는 것이다. 부산시는 민자 200억 원에다가 시비 200억 원과 보증금을 보태 500억 원 규모로 내년부터 운영할 예정이다. 시민 리츠가 매입할 부동산은 재개발사업 때 의무 조성(전체 세대수의 5%)하는 임대주택이다. 부산시는 2013년부터 LH에 매입을 맡겼다.

그러나 매입 과정에서 LH와 재개발조합 간에 매입비를 놓고 줄다리기하면서 사업 자체가 늦어지는 경우가 생겼다. 시민 리츠가 생기면 매입비 갈등이 줄어 사업이 좀 더 원활하게 추진될 수 있다. 임대보증금도 다소 내려갈 것으로 예상된다. 시 도시재생과 관계자는 "LH보다는 보증금이나 관리비 인상률에서 무주택 서민들이 혜택을 볼 수 있다"며 "전세금 기준 2,000만 원 정도는 낮을 것이다"고 전망했다.

단지별 리츠를 관리할 자산관리회사(AMC)는 부산도시공사에 설립될 예정이다. 매입한 주택은 8년 뒤 분양 전환한다. 부산시는 일단 기존대로 LH 인수 요청을 계속 하고 매입비 갈등이 있는 곳은 시민 리츠를 동원한다는 구상이다.

〈부산일보 2017.1.15〉

17. 뉴스기사 _ 트레이더, 600명에서 2명으로 … IT기업된 골드만삭스 [liv]

주식 트레이더 600명에서 2명으로 급감
임직원 4분의 1, 컴퓨터 기술자로 교체

한때 600명에 달하던 골드만삭스 주식 매매 트레이더들이 이제 두 명밖에 남지 않았다. 컴퓨터 자동 거래 소프트웨어가 이들을 내몰았다. 골드만삭스의 외환 거래 부서에서는 네 명의 딜러가 담당하던 업무를 한 명의 컴퓨터 엔지니어가 대신하고 있다. 해당 엔지니어는 시시각각 변하는 외환·선물시장 동향에 대응하기 위해 기존 딜러들이 거래하던 방식에 가장 근접한 알고리즘(Algorithm, 컴퓨터로 작동하는 논리 공식)을 만들고 있다.

정보·기술(IT)이 빠른 속도로 금융 서비스의 일부로 자리 잡으면서 미국의 대표적인 투자은행(IB) 골드만삭스에서 일어나고 있는 변화다. 지원 부서 역할에 머물던 IT 직원들이 어느덧 핵심 인력으로 인정받고 있는 것이다.

골드만삭스의 차기 부사장 겸 최고재무책임자(CFO) 마티 차베스는 지난달 19일 미국 하버드대에서 열린 '2017 CSE 심포지엄'에 참석해 "앞으로 투자는 수학 원리와 소프트웨어 프로그램이 주도할 것"이라고 말했다. 그는 "약 3만 5,000명에 달하는 골드만삭스 전체 임직원의 4분의 1가량이 컴퓨터 엔지니어"라며 "외환 거래를 비롯해 세일즈와 고객 관리 업무 등 IB 고유 업무 영역에서도 컴퓨터가 기존 인력을 대체할 것"으로 내다봤다.

스타트업 창업자 출신인 차베스가 부사장 겸 CFO로 승진한 것은 골드만삭스의 변화를 단적으로 보여준다. 기존엔 재무·회계 출신들이 CFO 자리를 차지해왔으나 차베스는 관련 분야의 경력 없이 CFO에 올랐다.

◆ 블랭크페인 회장 '골드만삭스는 IT 회사' 선언

골드만삭스의 '환골탈태'는 주요 내부 인사들의 발언을 통해 일찍감치 예고됐다.

로이드 블랭크페인 골드만삭스 회장은 2015년 '골드만삭스는 IT 회사'라고 선언했다. 트럼프 행정부에서 백악관 국가경제위원회(NEC) 위원장직을 맡은 게리 콘 전 골드만삭스 사장 역시 IT의 중요성을 강조했다. 콘은 골드만삭스 재직 중이던 2015년 11월 "고객의 요구에 따라 1990년대 초반부터 첨단 기술에 투자하며 빠르게 새로운 기술을 받아들였다"고 말했다.

골드만삭스의 변화 노력은 주가 상승으로 이어졌다. 지난

14일(현지시각) 뉴욕증권거래소(NYSE)에서 골드만삭스의 주가는 249.46달러에 장을 마쳤다. 2007년 10월 31일 종가 247.92달러를 찍은 후 10년 만에 사상 최고가를 경신했다.

골드만삭스의 변화는 인력 구조조정에 그치지 않는다. 매년 열리는 정기 주주총회를 본사가 자리한 뉴욕이 아닌 실리콘밸리와 가까운 샌프란시스코에서 개최하고 있는 것도 IT 기술 역량 극대화를 위한 의지의 표현이다.

골드만삭스는 1년 전부터 '마르커스'라 불리는 온라인 신용대출 플랫폼을 구축해 운영하고 있다. 사내 벤처 회사로 태동한 마르커스는 단 한 명의 인력도 없이 오직 소프트웨어에 의해서 작동한다. 대출받을 만한 고객을 데이터로 추려내 이메일을 보내는 방식으로 웹사이트와 모바일을 통해 대출을 진행한다.

클라우드 기반 메신저 서비스인 '심포니'처럼 내부 IT 프로젝트로 시작해 별도 회사로 독립한 사례도 있다. 심포니는 현재 2만여명의 골드만삭스 직원들이 사용하고 있으며 경쟁 회사인 JP모건과 시티그룹에서도 활용 중이다.

◆ 지원 부서 인력도 감축 예상

골드만삭스는 성장 가능성이 높은 IT 스타트업에도 적극 투자하고 있다. 지난 3년간 핀테크(금융과 기술의 합성어) 분야에 2억 4,100만 달러(약 2,750억 원)를 쏟아부었다. 골드만삭스가 인수하거나 대규모 투자를 진행한 대표 IT 기업으로는 실시간 소셜네트워크서비스(SNS) 분석 회사인 데이터마이너를 포함해 온라인 자산 관리 사이트 어니스트달러, 인공지능(AI) 데이터 분석 소프트웨어 기업 켄쇼테크놀로지, 빅데이터 솔루션 업체 안투잇 등이 있다.

투자 부서뿐만 아니라 회계 업무 등을 담당하고 있는 경영관리 부서 직원도 머지않은 시일 내에 짐을 쌀 것으로 보인다. 골드만삭스 전체 직원의 7%에 해당하는 2,400여 명이 지난해 퇴사했다. 덕분에 골드만삭스는 지출을 크게 줄였다. 골드만삭스의 2016년 운영 비용은 전년보다 19% 가량 줄어든 203억 달러로 2008년 이후 가장 적었다.

1869년 설립된 골드만삭스는 147년의 오랜 역사 속에서 수차례 모습을 바꿔왔다. 과거 프라이빗 파트너십 기업에서 기업공개를 통해 1999년 NYSE에 상장했다. 2008년 금융위기 당시에는 비(非)은행 지주회사에서 은행 지주회사로 변신했고, 숱한 금융 규제의 압박 속에서도 과거의 명성을 유지해왔다.

JP모건·시티그룹도 IT 강화에 나서

JP모건과 시티은행 등 다른 글로벌 금융회사들도 IT 역량 강화에 나섰다. JP모건은 내부 보안 업무에 빅데이터를 사용하고 있다. 회사에 심각한 피해를 끼칠 수 있는 내부 모럴 해저드(도덕적 해이)를 사전에 방지하기 위해 직원 인터넷 사용 데이터와 SNS 공개 데이터 등을 분석한다.

시티그룹은 빅데이터를 도입했다. 고객 거래 내역을 분석해 신용도가 낮거나 떨어질 가능성이 있는 고객을 선별해 추후 대출 및 신용카드 발급 여부를 결정할 때 사용한다. 글로벌 보험사 AIG그룹은 운전자의 연령·성별·사고이력뿐만 아니라 운전 지역·습관·시간 등에 관한 빅데이터를 구축해 활용하고 있다.

프랑스 최대 은행 그룹인 BNP파리바는 2013년 인터넷 전문은행 '헬로뱅크'를 선보였다. BNP파리바 고객은 모바일을 통해서도 기존에 누리던 모든 금융 서비스를 받을 수 있다. 스마트폰 번호나 QR코드만으로 송금이 가능하며, 트위터를 통해 금융 상담도 할 수 있다.

〈이코노미조선 2017.2.22〉

18. 뉴스기사 _ 골드만삭스, 온라인 대출 놓고 핀테크 업체와 격돌 [iv]

세계적인 투자 은행인 골드만삭스가 개인들을 겨냥한 온라인 대출 서비스 시장에 직접 뛰어들었다. 기업을 넘어 개인 대출 시장에서도 존재감을 과시할 수 있을지 주목된다.

월스트리트저널(WSJ), 뉴욕타임스 등에 따르면 골드만삭스는 개인들이 온라인에서 3만 달러까지 대출을 받을 수 있는 플랫폼 '마르쿠스'를 13일(현지시간) 공식 오픈했다. 마르쿠스를 통해 골드만삭스는 렌딩클럽, 아반트 같은 P2P 대출 스타트업들과 온라인 대출 시장을 놓고 직접 경쟁하게 됐다.

2014년 이후 온라인 시장 진출을 추진해온 골드만삭스는 마르쿠스를 앞세워 신용카드 대출이 많은 이들을 적극 공략하려는 모습이다.

마르쿠스가 P2P 대출 업체들과 다른 점은 대출을 중개하는 것이 아니라 골드만삭스가 보유한 1천 300억 달러 규모의 자금을 기반으로 직접 서비스를 제공한다는 것이다.

연체료나 조기 상환에 따른 수수료도 부과하지 않는다. 골드만삭스는 대출에 따른 이자만 받을 뿐이다. 매출을 올리기 위해 대출금 일부를 수수료로 받는 P2P 대출 업체들과는 다른 행보다. 마르쿠스 최저 이자율은 렌딩클럽과 같은 수준인 5.99%로 정해졌다.

골드만삭스는 자기 자금을 갖고 대출 서비스를 제공하기 때문에 상대적으로 유리하다는 입장이다. 상환기간, 이자율 조건 등을 고객에게 보다 최적화해 서비스하는 환경을 갖췄다는 것도 강조했다. 대출자는 기간 3~5년 짜리가 아니라 좀 더 세부적인 조건을 선택할 수 있다는 얘기다.

미국 온라인 대출 서비스 시장은 연초 불거진 글로벌 금융시장 불안으로 기관투자자들이 지갑을 닫으면서 타격을 받았다. 렌딩클럽의 경우 실적 부진으로 CEO가 사임하는 상황도 겪었다.

그러나 최근들어 온라인 대출 시장에서 투자 환경은 회복세로 돌아서고 있다는 평가다. 골드만삭스의 행보도 이같은 상황에서 이뤄졌다고 WSJ은 전했다.

〈ZDNet Korea 2016.10.14〉

19. 금융소득 종합소득세 FAQ [vi]

Q[1] 금융소득 종합과세되면 반드시 종합소득세 신고를 해야 하나요?

A[1] 금융소득종합과세 대상이 되면 다른 종합소득과 합산해서 신고해야 합니다. 다른 종합소득 없이 금융소득만 2천만 원을 약간 초과해서 추가납부세액이 발생하지 않는 경우에는 종합소득세 신고하지 않아도 가산세가 발생하지는 않습니다.

Q[2] 금융소득 내역서에 있는 Gross-Up 대상 배당소득은 어떤 건가요?

A[2] 펀드에서 발생하는 배당소득은 Gross-Up 대상이 아닙니다. Gross-Up 대상은 대부분 주식 투자로 발생한 배당소득입니다. 금융소득이 2천만 원이 초과하게 되면 초과된 금액 중 Gross-Up 대상 배당소득에 11% 귀속법인세로 가산하게 됩니다. 이후 배당세액공제를 통해 이중과세가 조정되므로 일반적인 배당소득에 비해 세 부담은 대체로 낮아집니다.

Q[3] 금융소득 종합과세 기준인 2천만 원은 전체 금융소득의 합계인가요?

A[3] 세전 연간 이자, 배당소득 합계가 2천만 원을 초과하는지 여부를 의미합니다. 주식 매각 금액은 포함되지 않고, 비과세, 분리과세되는 이자, 배당 소득도 합산되지 않습니다.

연금소득, 기타소득은 금융소득종합과세와 별도로 종합과세 기준금액이 있습니다.

Q[4] 금융소득 종합과세에 당해연도 주식의 매각차익이 포함되나요?

A[4] 앞에서 언급한 바와 같이 종합과세 대상항목에 금융소득(이자소득, 배당소득)이 포함되며, 매각차익으로 인한 이익금은 과세대상 항목에서 제외됩니다. 금융소득 종합과세 신고기간은 다음해 5월이며, 전년도 1월~12월까지 발생한 금융소득을 기준으로 소득세액을 산출합니다

Q[5] 금융소득 종합과세가 되면 세금 부담이 얼마나 늘어나게 되나요?

A[5] 다른 종합소득 없이 금융소득만 종합과세될 경우 연간 7,220만 원까지는 추가 세금 부담이 없습니다. 금융소득을 지급받을 때 15.4%로 원천징수된 금액보다 종합소득세로 계산된 세금이 더 적기 때문입니다. 그러나 다른 종합소득이 있으면 2천만 원을 초과한 금융소득과 합산되어 누진과세되므로 세부담이 높아질 수 있습니다. 예를 들어 사업소득이 2억 원이 넘어 이미 소득세 41.8% 최고세율이 적용되고 금융소득이 3천만 원일 경우 2천만 원을 초과하는 1천만 원에 대해 41.8%로 과세됩니다. 이미 원천징수된 세율과의 차이 26.4%(=41.8%-15.4%)만큼 세부담이 늘어나게 됩니다.

20. 주요 체약국별 조세조약 대상조세 및 제한세율 요약 [92]

체약국	한국에서의 대상 조세	배당소득 제한세율(원천징수)
미국	소득세, 법인세	· 10% 이상 소유하고, 지급법인의 총소득에서 배당소득 비율이 25% 이상 : 10% · 기타 : 15%
캐나다	소득세, 법인세	· 25% 이상 소유법인 : 5% · 기타 : 15%
일본	소득세, 법인세, 주민세	· 6개월 이상 25% 이상 소유법인 : 10% · 기타 : 15%
중국		· 25% 이상 소유법인 : 5% · 기타 : 10%
싱가포르		· 25% 이상 소유법인 : 10% · 기타 : 15%
호주		· 배당총액의 15%
영국		· 25% 이상 소유법인 : 5% · 기타 : 15%
독일		· 25% 이상 소유법인 : 10% · 기타 : 15%
프랑스		· 10% 이상 소유법인 : 10% · 기타 : 15%
이탈리아		· 25% 이상 소유법인 : 10% · 기타 : 15%
스위스		· 10% 이상 소유법인 : 10% · 기타 : 15%
네덜란드		· 25% 이상 소유법인 : 10% · 기타 : 15%

---

[92] 제한세율은 조세조약마다 다릅니다. 위의 표를 적용하기 전 국세청(www.nts.go.kr)의 국세정보 내용을 확인 바랍니다.

21. NPV 설명 [lvii]

NPV란 'Net Present Value'의 약자로 우리말로는 '순현재가치'라고 합니다. 순현재가치는 미래 현금흐름의 현재가치에서 투자비용의 현재가치를 차감한 금액이라고 정의할 수 있습니다.

순현재가치(NPV)의 이해를 위해 우선 현재가치(Present Value, PV)의 개념 설명이 필요합니다.

금리가 연 10%인 경우 내년에 150,000원을 얻기 위해 오늘 필요한 금액은 다음처럼 계산됩니다.

PV×1.10 = 150,000원
PV = 150,000÷1.10 = 136,363원

즉, 내년에 받게 되는 150,000원은 오늘 136,363원의 가치를 갖는다는 것을 알 수 있습니다.

다음 예시를 통해 순현재가치(NPV)를 알아보겠습니다.

현재 8,500만 원 하는 어떤 토지를 구입하는 것이 좋을 것이라고 생각하고 있습니다. 내년에 이 토지가격이 9,100만 원이 되어 600만 원의 이익을 볼 수 있을 것이라 확신하고 있습니다. 만일 은행에 예치하는 경우 금리가 연 10%라고 한다면 해당 토지를 매입해야 할까요?

해당 예시에서 PV에 대한 분석을 통해 투자에 대한 판단을 내리는 경우, 1년뒤 토지의 매각으로 얻게 되는 9,100만 원의 PV는 다음과 같이 계산됩니다.

PV = 9,100만 원 ÷ 1.10 = 8,272만 원

순현재가치(NPV)의 정의는 미래 현금흐름의 현재가치에서 투자비용의 현재가치를 차감한 것입니다. 따라서 해당 예시의 투자의 순현재가치(NPV)는 다음과 같이 표현될 수 있습니다.

투자의 순현재가치
= (내년 토지 매도가격의 현재가치)-(현재 토지구입가격)
= 8,272만 원-8,500만 원 = -227만 원

여기서 계산된 금액 -227만 원은 현재시점에서 모든 비용과 모든 이익을 감안 한 후의 투자가치를 의미합니다. 따라서 -227만 원이 투자의 NPV인 것입니다.

이런 계산방법으로 산정된 NPV는 투자를 하는 데 있어서 의사결정을 내리는 방법으로 사용될 수 있습니다. 예시에서 계산된 토지에 대한 투자의 경우 NPV가 0보다 작은 음의 값으

로 나타났습니다. 따라서 해당 투자는 해서는 안 되는 것이라는 판단을 내릴 수 있습니다.

그런데 문제는 NPV에서 사용할 할인율을 얼마로 해야 할지 판단이 어렵다는 점입니다. 이 문제를 해결한 것이 IRR입니다.

22. IRR 설명

IRR이란 'Internal Rate of Return'의 약자로 우리말로는 '내부수익률'이라고 합니다. 이는 투자로 지출되는 현금의 현재가치(PV)와 그 투자로 유입되는 미래 현금유입액의 현재가치(PV)가 동일하게 되는 수익률을 의미합니다.

IRR은 프로젝트의 예상수익률을 의미합니다.

내부수익률(Internal Rate of Return, IRR)을 구하기 위해서는 다음 식을 만족시키는 r 값을 찾아야합니다.

$$NPV = \sum_{t=0}^{N} \frac{C_t}{(1+r)^t} = 0$$

예를 들면, 어떤 프로젝트의 투자금액이 100만 원이고, 1년 후 110만 원이 수익으로 돌아온다고 가정할 때 이 프로젝트의 순현재가치는 다음과 같이 계산됩니다.

NPV = -100만 원 + {110만 원 ÷ (1+R)}

여기서 R은 할인율을 의미합니다. 이 산식에서 NPV가 0이

되게 하는 R은 무엇일까요? 자의적으로 R을 8%로 가정할 경우 NPV = 1.85만 원이 됩니다. R이 8%일때는 NPV가 양수로 나오는 것을 알 수 있습니다.

그렇다면 더 높은 할인율을 적용해 보도록 하겠습니다. R이 12%라고 가정할 경우 NPV = -1.79만 원으로 계산됩니다. 이번엔 NPV가 음수이므로 R을 좀 더 낮춰 10%라고 가정할 때 우리는 NPV = 0이 되는 것을 확인할 수 있습니다.

해당 예에서 프로젝트의 진행 여부는 만일 할인율이 10%라면 내부수익률이 10%이므로 프로젝트의 기각이나 채택에 있어 무차별합니다. 만일 할인율이 10% 이하라면 프로젝트를 진행해야 할 것이고 10% 이상이면 기각해야 합니다.[lviii]

23. 무한등비급수, 배당할인모형 [lix]

무한등비급수란 등비수열의 항을 무한히 더한 합입니다. 등비수열이란 수열의 초항에 일정한 숫자(공비)를 계속 곱해서 만든 수열, 즉 이웃한 항들 사이의 비율이 일정한(=등비) 수열입니다.

무한등비급수 : $1 + 2 + 4 + 8 + 16 + \cdots$ (공비 2)

$1 + \frac{1}{2} + \frac{1}{4} + \frac{1}{8} + \cdots$ (공비 $\frac{1}{2}$)

등비수열 : $ar^0, ar^1, ar^2, ar^3, \cdots, ar^{n-1}, \cdots$ r : 공비

초항부터 n항까지의 합은 아래 식으로 나타낼 수 있습니다.

$$S_n = a + ar + ar^2 + ar^3 + \cdots + ar^{n-1}$$

위의 식의 양변에 r을 곱하면,

$$rS_n = ar + ar^2 + ar^3 + \cdots + ar^{n-1} + ar^n$$

위에서 나온 두 식을 빼면 아래의 공식이 나오게 됩니다.

$$(1-r)S_n = a - ar^n$$

$$S_n = a(1-r^n) / (1-r)$$

무한등비급수는 등비수열의 각 항을 무한히 더한 것입니다. 이를 수식으로 풀면 다음과 같습니다.

$$\sum_{k=0}^{\infty} ar^k = \lim_{n \to \infty} \sum_{k=0}^{n-1} ar^k = \lim_{n \to \infty} \frac{a(1-r^n)}{1-r} = \frac{a}{1-r} \ (\text{단}, |r| < 1)$$

무한등비급수의 합에 대한 설명을 한 이유는 현금흐름이 발생하는 자산의 가치를 산정하는 방법에 대한 설명을 진행하기 위해서였습니다. 그렇다면 자산에 대한 투자로 인해 현금흐름이 창출되는 경우 해당 자산에 대한 가치평가는 어떻게 할 수 있을까요?

이는 주식의 가치평가에 쓰이는 가장 기본적인 방법 중 하나인 배당할인모형(Discounted Dividend Model, DDM)으로 산정할 수 있습니다.

DDM을 설명하기 위해 그 기본이 되는 원리인 현금흐름할인(Cash Flow Discount)에 대한 개념을 간략하게 설명하겠습니다.

현금흐름할인이란 자신의 보유로 인해 미래에 기대되는 현금흐름을 적절한 할인율을 적용해 현재가치로 전환하는 방식을 말합니다.[x]

lxi)

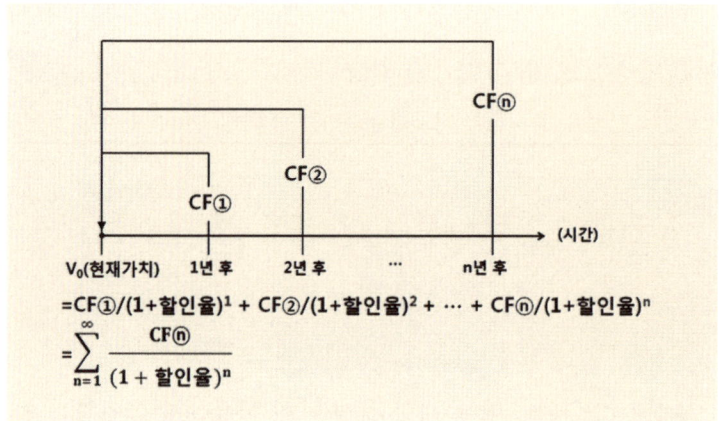

현금할인모형을 배당할인모형에 적용해 자산의 가치를 산출하는 산식을 적어 보면 다음과 같습니다. 발생하는 현금흐름(CF)은 배당(D)과 같고, 현재가치(V_0)는 자산의 현재가치(주식의 경우 배당주의 현재가치)(or 가격 P_0)와 같다고 생각할 때,

lxii)

n이 ∞(무한대)로 접근할 때 (1+할인율)은 1보다 크기 때문에 이 부분은 0으로 수렴한다.

$$배당주의\ 현재가치 = \sum_{n=1}^{\infty} \frac{D(n)}{(1+할인율)^n} + \lim_{n=\infty} \frac{P(n)}{(1+할인율)^n}$$

$$= \sum_{n=1}^{\infty} \frac{D(n)}{(1+할인율)^n}$$

D(n) : n년 후 받게되는 배당금
P(n) : n년 후 주식의 가격

※ 주식은 만기가 없는 영속적인 증권으로 볼 수 있으므로 n이 ∞(무한대)로 근접한다.

배당할인모형은 투자자의 요구수익률에 따라 자산의 적정 가치를 도출할 수 있게 해 주고, 이를 시장가치와 비교해 투자 판단을 내릴 수 있게 해주는 도구입니다.

24. P2P대출 가이드라인 주요내용 93) lxiii)

동 가이드라인은 금융회사(은행·저축은행·대부업체 등)가 P2P업체(P2P 대출정보 중개업자)와의 연계 영업을 위해 확인해야 할 사항을 규정합니다.

① 투자한도
투자자 보호를 위해 1개 P2P 업체당 연간 투자한도를 설정하되, 투자전문성, 위험감수 능력 등을 감안해 차등화
- 일반 개인투자자 : 연간 누적금액 1천만 원(동일 차입자 5백만 원)
- 소득적격[94] 개인투자자 : 연간 누적금액 4천만 원(동일 차입자 2천만 원)

  ※ 법인투자자 및 자본시장법상 전문투자자(개인)는 별도의 투자한도 없음.

② 투자금의 별도 관리
투자자로부터 받은 투자금을 P2P 업체 등의 자산과 분리·관리해 고객 재산 보호
- 은행, 상호저축은행, 신탁업자 등 공신력 있는 기관에 투자자의 재산임을 밝히고 예치 또는 신탁

---

93) 2017.2.27일자 금융위원회 보도자료
94) ① 이자·배당소득 2천만 원 초과 또는 ② 사업·근로소득 1억 원 초과

③ 영업행위 준수사항

P2P 업체와 연계 금융회사 등이 P2P 대출에 투자자 또는 차입자로서 참여하는 행위 등 제한

예) 본인 건물의 건축자금을 모집하기 위해 직접 P2P 업체를 설립

④ 투자광고

'원금보장', '확정수익' 등 투자자들이 투자금이 보장된다고 오인할 소지가 있는 내용을 알리는 행위 금지

⑤ 정보공시

투자여부 판단에 도움을 줄 수 있는 다양한 정보[95]를 투자자가 쉽게 이해할 수 있도록 홈페이지에 게재

- 특히, 차입자에 대한 정보는 투자자에게 제공하기 전에 P2P 업체가 관련내용을 확인할 의무

---

95) 투자위험, 차입자 정보(대출목적, 사업내용, 신용도, 재무현황, 상환계획, 담보가치 등), 예상수익, 계약해제·해지, 조기 상환조건 등

책 만든 두 명의 도우미 정종선, 오재원 후기

　책을 쓰는 작업은 살과 뼈를 깎는 고통을 견디는 작업이라는 말이 있습니다. 이번 집필에 보조원으로 참여하게 되어 과정을 간접적으로나마 경험하고나니 마음가짐도 달라지고, 여러 노력들이 책의 일부로 녹아 들어가는 것을 보며 큰 보람을 느낄 수 있었습니다.

　이 책이 리츠와 부동산 펀드의 공모상품 전문가는 물론 일반인들의 이해를 돕는 길잡이의 역할은 물론, 앞으로 출시될 상품들에 대한 관심까지 이어져 부동산 시장 선진화에 초석이 될 수 있으면 정말 좋겠습니다.

　참고로 정종선은 호주의 University of New South Wales에서 건축학 학사 및 부동산학 석사를 졸업했으며 건국대학교에서 부동산학 석사를 마쳤습니다. 국토교통부 발주 '리츠활성화 방안 연구용역' 등에 연구보조원으로 참여했습니다.

　오재원은 중앙대학교에서 도시공학과를 졸업하고 건국대학교에서 부동산학 석사를 마쳤습니다. LH 발주 '예비타당성조사 대상사업에 대한 평가방법론 개발 및 평가기준 수립 연구' 용역에 연구보조원으로 참여했습니다.

　모두 건강하시고 행복하시길 바랍니다.

| 글을 마무리하며 |

    초우량 수익형 부동산 투자가 단지 기관투자자의 전유물이 아니라 이제는 주식 시장을 통해 누구나 손쉽게 접근 가능한 장기 투자 상품으로써 주목을 받는 시대가 이제 막 시작되고 있습니다. 이는 기존의 오피스텔, 소형 근린상가, 분양권 전매 등에 머물렀던 개인 부동산 투자 시장이 우리나라는 물론 세계 주요도시에 있는 초우량 자산으로 확대되는 것을 의미합니다. 기존에 개인이 접근할 수 있던 투자처와는 비교할 수 없을 만큼 큰 차이가 있을 수밖에 없습니다. 당연히 신용도가 높은 우량한 임차인으로부터 발생하는 현금흐름은 안정적인 수익성을 보여줄 가능성이 훨씬 높기 때문입니다. 그렇지만 아무리 좋은 투자처라 하더라도 그 상품에 대한 제대로 된 이해가 바탕이 되어야 할 것입니다.

    이제야 뒤늦게 걸음마 단계를 벗어나려는 우리나라 리츠가 개인투자자들에게 사랑받는 안전한 투자 상품으로 자리매김하는 데 이 책이 조금이나마 도움될 수 있기를 진심으로 바랍니다.

이 책을 본격적으로 준비하게 된 계기는 '또다시' 꿈 이야기부터 시작됩니다.

독자 여러분께서는 무슨 말씀이실까 싶지만, 저의 첫 졸저인《기관투자자만 아는 부동산 투자운영매뉴얼》이 출간된 이유도 새해 첫날 밤 꿈 때문이었습니다.

공교롭게도 이번 두 번째 졸저 또한 한해를 마무리하는 날의 꿈을 따라 마음을 다잡고 시작하게 되었습니다. 아마도 그만큼 평소 리츠에 대한 기대가 컸던 것이 머릿속에 잔상으로 남아있었던 것 같습니다. 이후 업무를 하며 평소 생각해두었던 내용을 정리하고 일 년여간 자료를 모아 부족하지만 이렇게 한 권으로 모으게 되었습니다.

이번에도 역시 수많은 분들의 도움을 받아가며 책을 겨우 마무리할 수 있었습니다. 무엇보다도 방대한 양의 자료 수집과 정리 그리고 고단한 수정까지 도와준 정종선, 오재원 후배에게 고맙다는 말을 전하고 싶습니다.

매번 정곡을 찌르는 질문을 주신 국토교통부 김상석 과장님, 동부증권 정승기 선임연구원님, 삼성화재해상보험 최석천 파트장님, 마이다스에셋자산운용 김구영 상무님, 세빌스코리아 홍지은 상무님, 컬리어스인터내셔널코리아 손영국 상무님, 메리츠자산운용 신준현 대표님, 아스펜컨설팅파트너스 장원석 대표님, PGIM Real Estate 김효진 한국대표님, 리얼에셋파트너스 안승오 대표님, 딜로이트안진 이정기 상무님, 삼성생명 부동산사업부 OB식구들, 전부 YB포럼 선후배님들, 모간스탠리 12 Monkies, 현대해상 정재영 팀장님, KB손해보험 정주열 차장님 그리고 제게 리츠 시장의 비전을 일깨워주신 강동헌 대표님께 특별한 감사를 드립니다.

항상 건강과 행복이 가득하시기를 기원합니다.

최인천

i) '2016년 가계금융 복지조사 결과', 통계청, 2016.4.18

ii) S&P 500 indices, 2017.1.7

iii) NAREIT Data, 2016.12.29

iv) 'Real Estate sector to be added to S&P 500', 2016.5.26

v) "Singapore Industry Focus-Singapore Property & REITs", DBS Group Research, 2016.1.8

vi) http://www.ifcseoul.com

vii) http://www.investopedia.com

viii) 리스크와 리턴 트레이드 오프, HSBC

ix) Betafrontier - The relationship between risk and return

x) ASK2015 _ 생보 'PDF가 투자 1순위'… 사학연금은 '유럽 자산 담보대출', 한국경제, 2015.5.13

xi) 그래픽뉴스, '세계 꼴찌(작년 4.2%)' 수익률 국민연금, 전문성·독립성·장기투자가 없다

xii) Based on 138 asset owners in survey universe, ipd.com Feb 2014

xiii) 국민연금연구원 자료 재구성

xiv) (상동)

xv) Benefits of Commercial Real Estate Investments, Thompson-Reuters Datastream, Data from 1993-2013

xvi) AllianceBernstein, 2006, 'Hedge Funds-Too much of a Good Thing?', Bernstein Wealth Management Research

xvii) yahoo finance(accessed : 2017.2.18)

xviii) NAREIT, FactSet

xix) 익숙하지만 낯선 건물 '종로타워', 서울경제신문, 2016.12.02

xx) Preqin Real Estate Online _ ASK seminar 2016

xxi) 한국리츠협회, 리츠저널 Vol.19 자료 재구성

xxii) 한국예탁결제원

xxiii) 미래에셋증권

xxiv) (상동)

xxv) 각 증권사 홈페이지

xxvi) Suntec City_APM 공식 웹사이트

Suntec City officially repones after S$410m revamp, RetailNews Aisa, 2015.10.27

xxvii) International Organization of Securities Commissions

xxviii) (상동)

xxix) 금융감독원 보도자료 인용

xxx) 금융감독원 대부업법 시행령 입법예고 보도자료 _ 2017.2.8

xxxi) (상동)

xxxii) 금융위원회 보도자료, 2016.8.19

xxxiii) LendingRobot Launches automated hedge fund secured by blockchain Tech

xxxiv) '강남 부자' 자녀 결혼비용 8억, '손주 증여'도 확산

xxxv) 코스피 연도별 배당금 배당수익률, 연합뉴스, 2016.3.14

xxxvi) KOFIA BIS

xxxvii) 유은철, 2012, '리츠 내 외부 관리방안 수립 연구', 한국감정원

xxxviii) 금융투자협회 _ 2016년 개인의 금융투자 실태 분석

xxxix) World Economic Forum Investors Industries

xl) 세계증시 시가총액 국가별 순위, 연합뉴스, 2015.12.31

xli) EPRA, Global REIT Survey 2016, 2016년 7월 말 기준

xlii) Real Estate ETFs, ETFdb.com

xliii) Japan REIT Data Portal, Japan-reit.com

xliv) NAREIT, 2017, REITWatch Jan 2017

xlv) SGX REITDATA, reitdata.com

 xlvi) Top 50 Hotel Brands, 2016.12.11

 xlvii) 폰지사기, 네이버 지식백과(시사상식사전, 박문각)

 xlviii) 400명 여대생 울린 대출사기. 30대 주식투자동아리 대표 입건, 연합뉴스, 2017.1.7

 xlix) '세계 최고 사업에 투자하라' 400억 가로챈 인터넷 쇼핑몰 적발, 연합뉴스, 2016.6.21

 l) P2P대출 '성장 날개' 꺾이나, 매일경제, 2017.2.14

 li) "정년아닌데요?" 희망퇴직 떠밀리는 은행원들, 조선비즈, 2016.12.2

lii) 소규모 임대사업자 '건보료 폭탄' 예고, 매일경제, 2017.1.25

liii) 재개발 임대주택 매입 '시민 리츠' 전국 첫 설립, 부산일보, 2017.1.25

liv) 트레이더, 600명에서 2명으로 … IT기업된 골드만삭스, 이코노미조선, 2017.2.22

lv) 골드만삭스, 온라인 대출 놓고 핀테크 업체와 격돌, ZDNet Korea, 2016. 10.14

lvi) 미래에셋증권 자료
lvii) Ross의 핵심재무관리, 4th edition
lviii) 내부수익률, 위키피디아

lix) 이종필의 아주 특별한 상대성이론 강의
lx) 무한등비급수, 금융위원회 공식 블로그

lxi) (상동)
lxii) (상동)
lxiii) 금융위원회, www.fsc.go.kr

리츠 얼리어답터

초판 1쇄 2017년 5월 9일

지은이 최인천
펴낸이 전호림
기획·제작 ㈜두드림미디어
마케팅·홍보 강동균 박태규 김혜원

펴낸곳 매경출판㈜
등　록 2003년 4월 24일(No. 2-3759)
주　소 (04557) 서울시 중구 충무로 2(필동 1가) 매일경제 별관 2층 매경출판㈜
홈페이지 www.mkbook.co.kr　**페이스북** facebook.com/maekyung1
전　화 02)333-3577(내용 문의 및 상담)　02)2000-2636(마케팅)
팩　스 02)2000-2609　**이메일** dodreamedia@naver.com
인쇄·제본 ㈜M-print 031)8071-0961
ISBN 979-11-5542-652-4(03320)

책값은 뒤표지에 있습니다.
파본은 구입하신 서점에서 교환해 드립니다.